Der ADHS Elternratgeber zur Erziehung von Jungen

Vom Kleinkind bis zum Teenager
Entdecken sie, wie sie angemessen auf
verschiedene Verhaltenssituationen
reagieren

Richard Bass

Inhaltsverzeichnis

Einleitung

Niemand außer sich selbst zu sein in einer Welt, die Tag und Nacht ihr Bestes tut, um einen zu einem anderen zu machen, bedeutet, den härtesten Kampf zu kämpfen, den ein Mensch führen kann.
–E.E. Cummings

Es ist nicht leicht, ein Kind mit ADHS großzuziehen, und oft sind sich Freunde und Familie, sogar Ärzte und Krankenschwestern, nicht bewusst, wie viel Stress Eltern ständig ausgesetzt sind. Jungen mit ADHS müssen gefühlt im Minutentakt beobachtet und gemaßregelt werden.

Können Sie zählen, wie oft am Tag Sie den Kopf drehen müssen, um zu sehen, was Ihr Kind sonst noch in die Hand genommen, auf den Boden geworfen, geöffnet, geschlossen oder kaputt gemacht hat? Oder die Machtkämpfe, in die Sie geraten, wenn Sie versuchen, Disziplin durchzusetzen?

Noch schlimmer ist, dass viele Erziehungsratgeber leider nicht die besonderen Symptome von ADHS berücksichtigen, wenn sie Eltern anleiten, wie sie mit ihren hyperaktiven und impulsiven Jungen kommunizieren, sie fördern und disziplinieren können. Das bedeutet, dass Sie in den meisten Fällen mit Ihren eigenen Strategien experimentieren und herausfinden müssen, wie Sie Ihrem Kind am besten helfen können, sich selbst zu regulieren.

Hinzu kommt die ungesunde Dynamik, die zu Hause und in der Schule entsteht, wenn Ihr kleiner Junge Schwierigkeiten hat, positive Interaktionen mit Familienmitgliedern, Lehrern und Klassenkameraden zu haben. Die Kombination aus Impulsivität und unterentwickelten sozialen Fähigkeiten erschwert es ihnen, starke Emotionen zu kontrollieren, soziale Signale zu deuten oder sich in andere einzufühlen.

Als Bewältigungsmechanismus könnte Ihr frustriertes Kind auf störende Verhaltensweisen wie Wutanfälle, unangemessene Äußerungen oder körperliche Angriffe auf andere zurückgreifen, weil es sich ungehört und entwertet fühlt. Leider sind diese störenden Verhaltensweisen das, was viele Menschen meinen, wenn sie ADHS als "Verhaltensproblem" und nicht als neurologische Störung bezeichnen.

Was tun Sie also, wenn Ihr Kind diese Entwicklungsprobleme aufweist und die Erziehung sich wie ein verlorener Kampf anfühlt? Nun, die Antwort ist, nicht aufzugeben - oder sich selbst als Elternteil -, sondern sich langsam dem Prozess der Veränderung Ihrer Wahrnehmung von ADHS und seiner Auswirkungen auf die Entwicklung Ihres Kindes zu unterziehen.

Dr. Stuart Shanker, der Autor von „Selbstkontrolle", glaubt, dass es so etwas wie ein schlechtes Kind nicht gibt, sondern nur ein Kind, das keine Fähigkeiten zur Selbstregulierung erlernt hat. In seinem Buch schreibt er: "Sieh ein Kind anders, und du siehst ein anderes Kind" (Shanker & Barker, 2017). Dieser Ratschlag gilt für die Erziehung von Kindern mit ADHS, kann aber auch auf andere Lebensbereiche übertragen werden.

Was Sie über Ihr Leben, Ihren Beruf, Ihre Gesundheit oder Ihr Kind glauben, bestimmt Ihre Einstellung, Ihre Entscheidungen und Ihr allgemeines Verhalten ihnen gegenüber. Wenn Sie sich dafür entscheiden, ein problematisches Kind zu sehen, dann werden Sie, egal wie es sich verhält (auch wenn es typisches ungezogenes Verhalten an den Tag legt), mit weniger Einfühlungsvermögen reagieren.

Wenn Sie jedoch versuchen, Ihr Kind zu verstehen und den "Jungen" von der "Störung" zu trennen, können Sie ermutigt werden, ein anderes Kind zu sehen: Ein Kind, das mit einem einzigartigen Gehirn geboren wurde und zusätzliche Unterstützung und Anleitung benötigt, um zu lernen, was für andere Kinder selbstverständlich ist.

Eine veränderte Wahrnehmung von ADHS und seinen Auswirkungen auf Ihr Kind wird nicht die Welt verändern oder die Art und Weise, wie andere mit Ihrem Jungen umgehen, aber es kann Ihr eigenes Wohlbefinden steigern, Ihre Ängste beruhigen und Sie befähigen, ein sicheres Umfeld zu schaffen, in dem Ihr Kind gedeihen kann.

Die Wahrheit ist, dass es nicht einfach ist, Eltern zu sein, schon gar nicht, wenn man ein Kind mit einer Behinderung großzieht. Sie tun bereits Ihr Bestes, und im Laufe dieses Buches werden Sie lernen, wie Sie die Extrameile gehen und positiv auf die Bedürfnisse Ihres Kindes reagieren können. Obwohl Hyperaktivität und Impulsivität störend sein können, sind sie auch beherrschbar und können möglicherweise Stärken offenbaren, die für Jungen mit ADHS einzigartig sind, wie z. B. zielorientiert, hyperfokussiert, kreativ denkend und energiegeladen zu sein!

Die Lektüre dieses Buches wird Ihnen helfen, Ihr Kind mit anderen Augen zu sehen. Sie werden auch praktische, altersgerechte Strategien kennenlernen, die Ihrem Kind helfen, Stress zu bewältigen, extremen emotionalen Reaktionen zu widerstehen und sich positiv an soziale Erwartungen in verschiedenen Kontexten (z. B. zu Hause und in der Schule) anzupassen.

Kapitel 1:

Ihr Energiebündel aufziehen

Jeder ist ein Genie. Aber wenn man einen Fisch nach seiner Fähigkeit beurteilt, auf einen Baum zu klettern, wird er sein ganzes Leben lang glauben, dass er dumm ist.
–Albert Einstein

Welche Art von ADHS hat Ihr Sohn?

Ihr kleiner Junge hat ADHS. Aber was genau bedeutet das? Zunächst einmal bedeutet es, dass er zu den 9,4 % der Kinder in den USA oder Europa gehört, bei denen eine chronische neurologische Erkrankung diagnostiziert wurde, die sich auf ihr Lernen, ihre Gefühle und ihr Verhalten auswirkt. Zweitens: Da sie männlich sind, ist die Wahrscheinlichkeit größer, dass sie an hyperaktiv-impulsivem ADHS erkranken, das typischerweise durch hyperaktives und impulsives Verhalten gekennzeichnet ist.

Im Schwesterbuch The ADHD Parenting Guide for Girls (ADHS-Erziehungsratgeber für Mädchen) haben wir uns mit unaufmerksamer ADHS befasst - der zweiten Form von ADHS, von der hauptsächlich Frauen betroffen sind. Es ist jedoch wichtig zu wissen, dass sowohl Jungen als auch Mädchen manchmal beide Arten von ADHS aufweisen können. In diesem Buch werden wir die Art und Weise erörtern, in der hyperaktiv-impulsives ADHS Jungen im Alter von 3 bis 17 Jahren betrifft.

Wenn ein Arzt sagt, Ihr Kind zeige hyperaktive und impulsive Symptome, was ist dann eigentlich gemeint? Hyperaktivität ist ein Zustand ständiger Aktivität, der so weit geht, dass es nicht mehr stillsitzen oder sich konzentrieren kann. Einige der Anzeichen für Hyperaktivität können sich bereits im Vorschulalter zeigen, sind aber erst in der Mittelstufe deutlich erkennbar. Diese Anzeichen können sein:

- Zappeln beim Sitzen auf einem Stuhl

- häufiges Aufstehen, um herumzulaufen oder zu spielen

- Klettern über Gegenstände wie Tische oder Sofas

- Schwierigkeiten, ruhig zu spielen oder ruhige Tätigkeiten wie Lesen oder Hausaufgaben zu erledigen

- übermäßiges Reden und häufiges Reden über andere

Hyperaktive Verhaltensweisen sind bei jüngeren Kindern eher störend, weil sie sich nicht selbst regulieren können. Es kann ihnen schwerfallen, still zu sitzen, Geschichten zu hören oder an Gruppenaktivitäten teilzunehmen. Je älter die Kinder werden, desto besser können sie ihre Hyperaktivität steuern. Jungen im Teenageralter zum Beispiel können zwar im Unterricht stillsitzen, zeigen aber möglicherweise Anzeichen von Unruhe.

Impulsivität hingegen bedeutet, dass man etwas tut, ohne über die Folgen nachzudenken. In den meisten Fällen wird Impulsivität durch einen Drang oder ein starkes Gefühl ausgelöst, das sich überwältigend anfühlt und nicht beherrscht werden kann. Anzeichen für Impulsivität sind unter anderem:

- Ungeduld; Schwierigkeiten, zu teilen oder sich abzuwechseln

- andere zu unterbrechen, während sie sprechen

- starke emotionale Reaktionen, wenn sie verärgert sind

- Antworten aus dem Ärmel schütteln, bevor sie die vollständige Frage gehört haben

- schreien, fluchen oder unangemessene Dinge sagen

Die Kombination aus Hyperaktivität und Impulsivität kann zu Unfällen oder störenden Verhaltensweisen führen. Wenn Ihr Kind zum Beispiel auf die Kücheninsel klettert, könnte es fallen und sich verletzen. Oder wenn es in der Öffentlichkeit überreizt ist, könnte es einen Wutanfall bekommen.

Außerdem kann ihre Unfähigkeit zur Selbstregulierung ihre Fähigkeit beeinträchtigen, zu lernen und enge Beziehungen zu anderen aufzubauen. Diese Symptome können in einigen Fällen frühe Anzeichen für gleichzeitig auftretende Störungen wie Oppositionelles Trotzverhalten (ODD) sein. Untersuchungen zeigen, dass zwischen 45 und 84 % der Kinder mit ADHS die Diagnosekriterien für ODD erfüllen (Connor & Doerfler, 2009).

Allerdings deuten nicht alle trotzigen Verhaltensweisen zwangsläufig auf ODD hin. Der Hauptunterschied zwischen den beiden Erkrankungen ist folgender: Ein Kind mit ADHS wird durch Reize in seiner Umgebung ausgelöst und regt sich auf, während ein Kind mit ODD möglicherweise absichtlich nach Gelegenheiten sucht, sich daneben zu benehmen und Regeln zu brechen.

Hyperaktivität und Impulsivität differenziert betrachten

Wenn Sie an Hyperaktivität und Impulsivität denken, kommen Ihnen vielleicht die folgenden Worte in den Sinn:

- Chaos

- Ärger

- unerträglich

- gefährlich

- unhöflich

- unkontrollierbar

Dies sind zwar alles akzeptable Sichtweisen auf diese Symptome, aber es gibt auch eine andere Sichtweise, die Ihnen helfen kann, Ihren Sohn besser zu verstehen. Bevor wir jedoch die alternative Sichtweise erläutern, ist es wichtig festzustellen, dass sich jedes Kind von Zeit zu Zeit auffällig verhält, unabhängig davon, ob bei ihm ADHS diagnostiziert wurde oder nicht.

Alle Eltern machen die "schrecklichen Zwillinge" und die "Teenager-Phase" durch, wenn sich ein Kleinkind wie ein Terrorist aufführt. Sie sagen dann hundertmal am Tag "Nein", ziehen alle möglichen wütenden Gesichter und nehmen Ihr Kind immer wieder in die Auszeit - und sehen trotzdem keine Veränderung in seinem Verhalten.

Diese trotzigen Verhaltensweisen sind für dieses Alter normal, weil Ihr Kind noch lernt, was akzeptables und inakzeptables Verhalten ist. Es ist nicht "böse", es ist einfach ein Kleinkind.

Genauso wie wir uns in ein Kleinkind hineinversetzen können, das ein Kleinkind ist, können wir uns auch in einen kleinen Jungen einfühlen, der Anzeichen von ADHS zeigt. Der Kern von Hyperaktivität und Impulsivität ist nicht Chaos oder Dysfunktion, sondern übermäßige Energie. Laut dem Merriam-Webster Dictionary (2019) ist Energie die Fähigkeit zu handeln oder aktiv zu sein. Es ist der innere Zwang, der ein Kind motiviert, auf ein gewünschtes Ziel hinzuarbeiten.

Dass Kinder viel Energie zeigen, ist normal. Der einzige Unterschied bei einem Kind, bei dem ADHS diagnostiziert wurde, besteht darin, dass die Freisetzung von Energie kein Ende zu nehmen scheint. Vom Aufwachen bis zum Zubettgehen ist Ihr Kind ständig in Bewegung.

Die übermäßige Freisetzung von Energie wird "chaotisch", wenn sie sich für Ihr Kind überwältigend anfühlt. Dies ist typischerweise der Fall, wenn sich Ihr Kind gestresst oder ängstlich fühlt. Was viele Menschen nicht wissen, ist, dass Jungen mit ADHS aufgrund der schieren Menge an Adrenalin, die ständig durch ihren Körper pumpt, anfällig für Stress und Angstzustände sind. Selbst wenn ihre äußere Umgebung ruhig ist, kann die Überflutung mit Gedanken und Gefühlen in ihrem Kopf Angst auslösen und einen Energiestoß auslösen.

Der beste Weg, um Chaos zu vermeiden, besteht darin, Ihrem Kind zu helfen, seine überschäumende Energie auf sichere Weise freizusetzen. Gelingt es nicht, diese Energie sicher und durch positive Verhaltensweisen freizusetzen, kann dies zu

Aggressionen wie dem Werfen von Gegenständen, Schreien oder unkontrollierbaren emotionalen Ausbrüchen führen.

Mit diesem störenden Verhalten versucht das Kind mitzuteilen, dass es sich überfordert fühlt und ein Gefühl der Kontrolle haben möchte. Kleine Jungen, selbst Teenager, verstehen nicht immer, was in ihrem Körper vor sich geht, wenn sie Energie loswerden müssen. Sie wissen nur, dass sie sich unwohl fühlen und etwas tun müssen, um den Druck zu lindern.

Lenken Sie die Energie Ihres Kindes in positive Aktivitäten

Die überschäumende Energie Ihres Kindes kann als Problem oder als Chance gesehen werden, je nachdem, wie Sie es betrachten. Wenn Sie bemerken, dass Ihr Kind durch das Haus fliegt, ist es vielleicht ein guter Zeitpunkt, um nach draußen zu gehen.

Ziel ist es, ihnen zu helfen, einen Teil dieser Energie durch positive Aktivitäten abzubauen. Die Chance dabei ist, dass Sie ihnen kreative Fähigkeiten, motorische Entwicklung, Problemlösung, Koordination und Selbstregulierung beibringen können, während Sie sich mit lustigen Aktivitäten beschäftigen.

Im Folgenden finden Sie eine Liste positiver Aktivitäten, die Ihrem Kind helfen können, Energie zu verbrennen:

1. Nehmen Sie an körperlichen Aktivitäten teil

Die NHI empfiehlt, dass sich Kinder ab fünf Jahren täglich mindestens 60 Minuten lang mäßig bis intensiv körperlich betätigen. Es gibt verschiedene Arten von körperlicher Aktivität, die Ihrem Kind Spaß machen könnten, z. B. Laufspiele (z. B. Fangen, Rotes Licht, Grünes Licht usw.), Trampolin springen oder Sport treiben. Einige hyperaktive Jungen mögen schnelle Kontaktsportarten wie Fußball, Basketball oder Karate, während andere lieber Einzelsportarten wie Tennis oder Schwimmen betreiben.

2. Ehrenamtliche Arbeit

Eine weitere positive Aktivität ist die Freiwilligenarbeit. Das Tolle an dieser Aktivität ist, dass Ihr Kind selbst entscheiden kann, welche Art von sozialem Anliegen es unterstützen möchte und wie es helfen möchte. Wenn Ihr Kind zum Beispiel ein Naturliebhaber ist, können Sie durch die Nachbarschaft gehen und nach Müll suchen, den es wegwerfen kann. Wenn es gerne kocht, können Sie zu Hause Suppenpakete zubereiten und diese dann gemeinsam in einem örtlichen Obdachlosenheim abgeben. Durch die Freiwilligenarbeit kann Ihr Kind auch seine sozialen Fähigkeiten entwickeln und seine emotionale Intelligenz verbessern.

3. Melden Sie Ihr Kind zum Kreativunterricht an

Die Forschung zeigt, dass Kinder mit ADHS unglaublich begabte divergente Denker sind. Sie interessieren sich für Aufgaben wie das Konstruieren neuer Objekte (DIY-Projekte), Brainstorming, das Erstellen einzigartiger Kunstwerke und den Einsatz ihrer Fantasie. Suchen Sie nach kinderfreundlichen Kreativkursen in Ihrer Nähe, für die Sie Ihr Kind anmelden können, damit es durch geistige Stimulation Energie freisetzen kann.

4. Mehr Zeit im Freien verbringen

Der Aufenthalt in der Natur hat eine beruhigende Wirkung auf den Geist und kann die allgemeine Stimmung verbessern. Hyperaktive Kinder, die draußen spielen, haben ein sicheres Ventil, um Stress und Ängste abzubauen und ihr Nervensystem zu regulieren. Planen Sie lustige Aktivitäten im Freien für Sie und Ihr Kind und bitten Sie es, Ihnen bei den Vorbereitungen zu helfen. Beispiele für lustige Aktivitäten sind ein Picknick, Camping, Gartenarbeit oder Spaziergänge mit dem Hund.

5. Geben Sie Ihrem Kind altersgemäße Aufgaben

Eine weitere positive Möglichkeit, Energie freizusetzen, besteht darin, Ihrem Kind altersgemäße Aufgaben zu übertragen. Auf diese Weise kann Ihr Kind nicht nur lernen, wie wichtig es ist, mit anderen zusammenzuarbeiten und Anweisungen zu befolgen, sondern es kann auch sein Selbstwertgefühl stärken und ein Element des Spaßes schaffen. Hyperaktive Kinder sind möglicherweise empfänglicher für Hausarbeiten, wenn sie als Wettbewerb dargestellt werden. Stellen Sie also Hausarbeiten als Herausforderung dar und sorgen Sie dafür, dass Sie danach Belohnungen bereithalten!

Jungen mit ADHS brauchen mehr anregende und kreative Aktivitäten, um sich ruhig und ausgeglichen zu fühlen. Finden Sie Möglichkeiten, einige der oben genannten Aktivitäten in den Tagesablauf Ihres Kindes einzubauen. Denken Sie daran, dass für Kinder täglich mindestens 60 Minuten körperliche Betätigung empfohlen werden. Orientieren Sie sich daran, wenn Sie den Tagesablauf Ihres Kindes strukturieren.

Helfen Sie Ihrem Sohn, emotionale Spannungen abzubauen

Nicht jeder Junge mit ADHS fühlt sich wohl dabei, seine Gefühle auszudrücken. Manche ziehen es vor, ihre starken Gefühle zu verinnerlichen, anstatt sie offen zu zeigen. Dies kann auf kulturelle Erwartungen zurückzuführen sein, die Jungen dazu zwingen, "abgehärtet" zu sein und sichtbare Gefühlsäußerungen zu vermeiden.

Bei Kleinkindern und Vorschulkindern kommt erschwerend hinzu, dass sie ihre Gefühle nicht verbalisieren können, was für sie äußerst frustrierend sein kann. Um ihre Gefühle auszudrücken, schreien sie häufig oder zeigen körperliche Aggressionen.

Einige Jungen, vor allem Teenager, können es auf die Spitze treiben und sich völlig von ihren Gefühlen lösen. Für Beobachter kann dies den Eindruck erwecken, dass sie unsensibel oder egozentrisch sind. Wenn man es jedoch aus ihrer Perspektive betrachtet, ist es einfach ein Akt der Selbsterhaltung.

Stellen Sie sich vor, Sie würden von intensiven Gefühlen überflutet, dürften diese aber nicht zeigen. Um die Intensität zu verringern, würden Sie sich nicht von Ihren Gefühlen abkoppeln, bis Sie einen besseren Weg gefunden haben, damit umzugehen?

Wenn Sie den Verdacht haben, dass Ihr Kind seine Gefühle unterdrückt, ist es wichtig, einzugreifen. Einige der körperlichen Anzeichen, auf die Sie achten sollten, sind Beschwerden über Magenschmerzen, Kopfschmerzen oder Appetitlosigkeit. Sie können auch feststellen, dass das Selbstwertgefühl Ihres Kindes gesunken ist. Es könnte z. B. Schwierigkeiten haben, Freundschaften zu schließen, lieber allein sein wollen, neue Herausforderungen meiden oder ein negatives Bild von sich selbst haben.

Denken Sie daran, dass Emotionen auch Energie transportieren. Deshalb ist es wichtig, dass Ihr Sohn lernt, wie er seine Gefühle ausdrücken und Spannungen abbauen kann. Wenn Sie Ihrem Kind beibringen, seine Gefühle auszudrücken, müssen Sie es mit der richtigen Sprache ausstatten und einen emotionalen Schutzraum schaffen, der Verletzlichkeit ermöglicht.

Im Folgenden werden fünf Strategien vorgestellt, die für Jungen aller Altersgruppen nützlich sind:

1. Rollenspiel

Denken Sie sich reale Szenarien für Situationen aus, die starke Emotionen auslösen würden. Halten Sie die Szenarien einfach und relevant für das Alter und den Lebensstil Ihres Kindes. Bitten Sie Ihr Kind zum Beispiel, sich vorzustellen, dass es nicht draußen spielen darf, von einem Lehrer angeschrien wird oder Schwierigkeiten hat, seine Hausaufgaben zu erledigen.

Stellen Sie ihnen Fragen, wie z. B. welche Gedanken ihnen durch den Kopf gehen, welche Empfindungen ihren Körper durchströmen und welche Gefühle sie empfinden würden.

Helfen Sie kleinen Jungen, ihre Gefühle zu verbalisieren, indem Sie ihnen Karteikarten mit verschiedenen Bezeichnungen und Fotos von Gefühlen geben.

2. Mimik studieren

Kaufen Sie ein paar Zeitschriften und Bilderbücher und suchen Sie in jedem von ihnen nach verschiedenen Arten von Gesichtsausdrücken. Halten Sie bei jedem Gesicht an und fragen Sie Ihr Kind, welche Emotion es sieht. Wenn Ihr Kind noch nicht in der Lage ist, Emotionen zu verbalisieren, haben Sie einen Stapel Karteikarten dabei. Je nach Reife Ihres Kindes können Sie noch einen Schritt weiter gehen und es bitten, sich vorzustellen, warum die Person sich so fühlt und welche Anhaltspunkte im Hintergrund das verraten.

3. Gefühle kreativ ausdrücken

Manche Kinder drücken sich gerne durch Kunst aus. Wenn Ihr Kind gestresst oder angespannt wirkt, können Sie ihm ein großes Blatt Papier, Buntstifte und Marker zur Verfügung stellen und es bitten, seine Gefühle zu zeichnen. Diese kreative Übung kann Ihrem Kind helfen, starke Emotionen zu verarbeiten und loszulassen, so dass es mit einem Gefühl der Erleichterung nach Hause geht. Ältere Jungen können neben dem Zeichnen auch Gedichte, Liedtexte oder eine Tanznummer schreiben, um ihre Gefühle auszudrücken. Seien Sie offen für verschiedene Formen des künstlerischen Ausdrucks.

4. Tagebuch

Das Schreiben von Tagebüchern ist eine therapeutische Technik, die sich eher für ältere Kinder eignet, die in der Lage sind, über ihre Gedanken und Gefühle nachzudenken. Kaufen Sie Ihrem Kind ein Notizbuch und ermutigen Sie es, über belastende Ereignisse in seinem Leben zu schreiben, z. B. wenn es von Freunden abgelehnt wird, einen Test nicht besteht, sich mit Lehrern streitet usw. Das Schreiben von Tagebüchern ist eine gute Möglichkeit für Ihr Kind, Frustrationen abzubauen und seinen eigenen Lebenserfahrungen einen Sinn zu geben.

5. Positive Verhaltensweisen vorleben

Bringen Sie Ihrem Kind bei, wie es mit starken Emotionen umgehen kann, indem Sie ihm positive Verhaltensweisen vorleben. Achten Sie darauf, wie Sie mit Stress und Ängsten umgehen und was Sie sagen, wenn Sie verärgert sind. Machen Sie sich klar, dass Ihr Kind Ihr Verhalten nachahmen wird. Wenn Sie zum Beispiel möchten, dass Ihr Kind offener mit seinen Gefühlen umgeht, sollten Sie bereit sein, ihm mitzuteilen, wie Sie sich fühlen, wenn Sie etwas aufregt. Es ist auch wichtig, dass Ihr Kind sieht, wie Sie gesunde Bewältigungsstrategien praktizieren, z. B. indem Sie sich Zeit für sich selbst nehmen, Atemübungen machen, Musik hören oder ein Buch lesen.

Damit sich Ihr Sohn mit seinen eigenen Gefühlen wohlfühlt, müssen Sie sich mit Ihren eigenen wohlfühlen. Nehmen Sie sich etwas Zeit, um Ihre eigenen Gefühle zu erforschen und Situationen zu identifizieren, die Stress und Angst verursachen. Beschäftigen Sie sich eingehend mit diesen Situationen und finden Sie heraus, was genau Ihre starken Gefühle auslöst. Könnte es sein, dass Sie unterschwellige Ängste oder Traumata haben, die im Hintergrund Ihres Lebens noch aktiv sind?

Erforschen Sie Ihre Emotionen so lange, bis Sie in der Lage sind, Ihre Gefühle zu akzeptieren und anzunehmen, anstatt ihnen auszuweichen.

Laden Sie Ihre Batterien auf, um besser zurechtzukommen

Jungen mit viel Energie zu erziehen, kann für Eltern sehr anstrengend sein! Regelmäßige Pausen, um sich auszuruhen und neue Energie zu tanken, sollten häufig eingelegt werden, um einem Eltern-Burnout vorzubeugen. Ja, Eltern-Burnout ist eine Sache! Man kann es als einen Zustand beschreiben, in dem man körperlich, geistig und emotional von den elterlichen Pflichten erschöpft ist. Erste Anzeichen sind:

- chronische Müdigkeit

- chronischer Stress

- Veränderungen der Ess- und Schlafgewohnheiten

- Mangel an Motivation

- Isolation

- Gefühle der Unzulänglichkeit

- emotionale Abgehobenheit

Burnout bei Eltern ist kein neues Phänomen, aber Ärzte haben endlich einen Namen dafür. Jahrhundertelang galt es als "normal", dass Mütter den größeren Anteil an der Kinderbetreuung übernehmen als Väter. Da jedoch immer mehr Frauen ins Berufsleben eintreten und neben anderen beruflichen, häuslichen und finanziellen Verpflichtungen auch noch die Elternschaft bewältigen müssen, sind sie anfällig für Stress und Ängste.

Laut der Psychologin Martha Horta-Granados ist die Wahrscheinlichkeit, dass Eltern mit schlechten Bewältigungsstrategien, geringer Belastbarkeit und niedriger Frustrationstoleranz an einem Eltern-Burnout leiden, größer (Zapata, 2021). Um einem Burnout vorzubeugen, ist es wichtig, dass Eltern die ersten Anzeichen und Symptome erkennen und positive Bewältigungsstrategien anwenden, wie z. B.:

1. Lernen Sie die Frühwarnzeichen kennen

In der Regel gibt es frühe körperliche und emotionale Stresssymptome, die auftreten, bevor der Stress ausgelöst wird. Sie bemerken zum Beispiel, dass Sie sich reizbar, nervös oder entmutigt fühlen, ohne dass es dafür eine vernünftige Erklärung gibt. Oder aus heiterem Himmel beschleunigt sich Ihr Herzschlag, Sie fühlen sich schwindlig oder haben Schwierigkeiten, sich zu konzentrieren. Wenn Sie mit Ihrem Kind sprechen, sind Sie vielleicht ungeduldig oder urteilend.

In dem Moment, in dem Sie diese Frühwarnzeichen für Stress erkennen, ist es wichtig, dass Sie Ihre Tätigkeit unterbrechen und sich Zeit nehmen, um sich zu beruhigen.

2. Tägliche Pausen einplanen

Wenn Sie einen Jungen mit ADHS großziehen, sind tägliche Pausen unerlässlich. Genauso wie Ihr Sohn ein Ventil braucht, um Energie freizusetzen, brauchen auch Sie Zeit für sich, um neue Energie zu tanken. Planen Sie täglich fünfminütige Pausen in Ihren Tagesablauf ein, damit Sie sich einen Moment Zeit nehmen können, um sich zu entspannen. Diese Pausen können Sie einlegen, wenn Ihr Kind gerade isst, schläft, spielt, in der Schule ist oder seine Hausaufgaben macht.

3. Planen Sie im Voraus für stressige Zeiten des Tages

Alle Eltern haben eine bestimmte Tageszeit, in der ihr Stresspegel am höchsten ist. Für die einen ist es morgens, wenn sie ihre Kinder für die Schule fertig machen, für die anderen ist es nachmittags, wenn sie ihre Kinder nicht dazu bringen können, sich hinzusetzen und die Hausaufgaben zu erledigen. Ein gut durchdachter Plan, wie man diese stressige Zeit des Tages bewältigen kann, kann Ängste und Frustrationen verringern.

Wenn Ihr Kind zum Beispiel in Machtkämpfe verwickelt ist, wenn die Zeit der Hausaufgaben gekommen ist, können Sie es bitten, mit den Hausaufgaben zu beginnen, sobald es von der Schule zurückkommt (nach dem Mittagessen), und dann die Spielzeit als Belohnung zu nutzen. Das wäre die Grenze: Wenn es sich 20 Minuten lang hinsetzt und die Hausaufgaben erledigt, darf es eine Stunde lang draußen spielen (oder an einer von Ihnen geplanten Überraschungsaktivität teilnehmen).

4. Verbessern Sie Ihre Schlafgewohnheiten

Die Forschung zeigt, dass Eltern und Kinder, die genügend Schlaf bekommen, Herausforderungen besser bewältigen können (Gordon & Barnes, 2020). Wenn man als Elternteil gut ausgeruht ist, kann man klar denken und besser auf die Bedürfnisse des Kindes eingehen. Die empfohlene tägliche Schlafdauer liegt in den USA bei 7-9 Stunden. Legen Sie Ihre ideale Weckzeit fest und zählen Sie rückwärts, um zu sehen, wann Sie ins Bett gehen sollten.

Bei der Verbesserung Ihrer Schlafgewohnheiten geht es nicht nur darum, einen Zeitplan für die Schlafenszeit einzuhalten, sondern auch darauf zu achten, wie Sie sich vor dem Schlafengehen entspannen. Nehmen Sie sich nach Möglichkeit 30-60 Minuten vor dem Schlafengehen Zeit für beruhigende Aktivitäten wie Kamillentee trinken, ein Buch lesen, leise Musik hören oder draußen im Garten sitzen. Vermeiden Sie koffeinhaltige und alkoholische Getränke oder zuckerhaltige Snacks, da sie Sie nachts wach halten oder Ihren Schlaf stören können.

5. Tiefes Atmen üben

Die Bauchatmung, auch als Tiefenatmung bekannt, ist eine Entspannungstechnik, die Stress- und Angstgefühle sofort reduzieren kann. Ziel ist es, tiefer und langsamer zu atmen, um das Gehirn mit mehr Sauerstoff zu versorgen. Eine einfache Atemübung, die Sie praktizieren können, ist die Boxatmung. Stellen Sie sich vor, dass jedes Ein- und Ausatmen den Umriss eines Kastens zeichnet. Beginnen Sie damit, dreimal langsam einzuatmen, drei weitere Male innezuhalten, dreimal langsam auszuatmen und dann die letzten drei Male den Atem anzuhalten. Wiederholen Sie dieses Muster, bis Sie sich ruhig fühlen.

6. Viel Spaß haben

Vielleicht sind Sie jemand, der Stress im Gesucht zeigt und dazu neigt, den Kiefer zusammenzubeißen, die Lippen zusammenzuziehen oder häufig die Stirn zu runzeln. Lächeln und Lachen kann Ihnen helfen, Ihre Gesichtsanspannung zu lösen, Stresshormone abzubauen und Ihre Stimmung positiv zu beeinflussen. Lernen Sie, Humor in den alltäglichen Kämpfen des Lebens zu finden, indem Sie über sich selbst lachen, mit Ihrem Kind lachen und Wege finden, ein wenig

Spielfreude in alltägliche Aufgaben zu bringen. Finden Sie zu Ihrem eigenen inneren Kind und seien Sie spontan im Umgang mit Ihrer Familie und beim Spielen. Sie können ein paar Witze reißen, ein paar lustige Streiche spielen und die Zeit der Familienzusammenführung zu etwas machen, auf das man sich freut!

7. Aktivieren Sie Ihr soziales Leben wieder

Elternschaft ist ein Vollzeitjob, aber dieser muss nicht den größten Teil Ihres Lebens in Anspruch nehmen. Betrachten Sie die Elternschaft als einen von vielen Hüten, die Sie tragen. Sie sind nicht nur ein Elternteil, sondern auch ein Kind, ein Geschwisterteil, ein Kollege, ein Ehepartner und ein Freund. Mit einem besseren Zeitmanagement können Sie Wege finden, Ihr soziales Leben wiederzubeleben und in diese wichtigen Beziehungen zu investieren.

Zum Beispiel können Sie sich jede Woche oder alle zwei Wochen mit Ihrem Ehepartner verabreden, einen Kaffee mit einem Freund trinken gehen oder eine Aktivität planen, an der Ihre Großfamilie teilnimmt. Da Sie ein Kind mit einer Behinderung großziehen, kann es auch hilfreich sein, sich mit anderen Eltern auszutauschen, die ähnliche Erfahrungen mit der Erziehung machen und Ihnen Rat und emotionale Unterstützung bieten können. Im Internet finden Sie eine Reihe von ADHS-Selbsthilfegruppen und Foren, an denen Sie sich beteiligen können.

Zusammenfassung – Kapitel Takeaways

- Bei Jungen wird häufiger eine hyperaktiv-impulsive ADHS diagnostiziert, die es ihnen unter anderem erschwert, still zu sitzen und ihre Gefühle zu regulieren.

- Wenn diese Symptome nicht in den Griff zu bekommen sind, können sie zu Hause und in der Schule eine Menge Unruhe verursachen. Um die Störungen einzudämmen, können Sie Ihrem Kind helfen, Wege zu finden, wie es die vielen Energien, die es in sich trägt, freisetzen kann.

- Es ist nicht nur wichtig, ihnen dabei zu helfen, körperliche Spannungen abzubauen, sondern Sie können ihnen auch beibringen, wie sie emotionale Spannungen abbauen können. Da es vielen Jungen mit ADHS schwerfällt, ihre Emotionen zu verbalisieren, was zum Teil auf kulturelle Erwartungen zurückzuführen ist, sollten Sie auf Anzeichen für emotionale Unterdrückung achten und ihnen einfache und kreative Wege aufzeigen, um starke Emotionen loszulassen.

- Die Erziehung eines Jungen mit ADHS kann anstrengend sein, und Eltern - vor allem Mütter - sind anfälliger für Eltern-Burnout. Um einem Eltern-Burnout vorzubeugen, ist es wichtig, das eigene Wohlbefinden in den Vordergrund zu stellen und sich regelmäßig Auszeiten zu gönnen.

Kapitel 2:

Der wichtigste Auslöser, der Ihr Kind aus der Fassung bringt

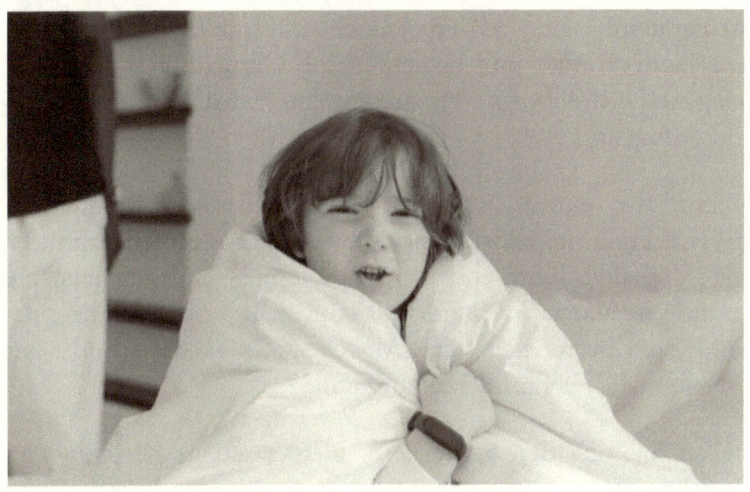

Eine hohe Stimulation ist für Menschen mit ADHS sowohl aufregend als auch verwirrend, da sie leicht überfordert und überstimuliert werden können, ohne zu merken, dass sie sich diesem Punkt nähern.
–Jenara Nerenberg

Was ist Überstimulation?

Stellen Sie sich vor, Sie gehen in ein großes Einkaufszentrum, in dem das Echo tausender Stimmen widerhallt, und das zur belebtesten Zeit des Tages, kaum klimatisiert und weit vom Ausgang entfernt ist. Ein Wort, das Ihre Erfahrung beschreiben könnte, ist Panik, und interessanterweise ist Panik ein Zustand, den Jungen mit ADHS häufig erleben.

Dies ist auf ein Phänomen namens Überstimulation zurückzuführen, das auftritt, wenn das ADHS-Gehirn mit Sinneseindrücken überlastet wird. Im Gegensatz zu normalen Gehirnen ist es nicht in der Lage, viele Sinneseindrücke auf einmal zu verarbeiten. Ein Spaziergang in einem ruhigen Park an einem bewölkten Tag könnte für Ihren Sohn beispielsweise entspannend sein. Sobald jedoch die grelle Mittagssonne, schreiende Kinder und unangenehme Gerüche aus dem nahe gelegenen Müllwagen hinzukommen, wird die Erfahrung überwältigend.

Wenn Ihr Kind überreizt ist, wird seine natürliche Stressreaktion ausgelöst. Innerhalb weniger Minuten kann sich sein Verhalten von entspannt zu gereizt und unangenehm verändern. Was viele Eltern vielleicht nicht wissen, ist, dass das Kind bei Überreizung seine Abwehrkräfte aktiviert und seine Umgebung als bedrohlich empfindet.

Stellen Sie sich den Schrecken vor, der einem Kleinkind ins Gesicht geschrieben steht, wenn es einen plötzlichen Schlag hört und für den Bruchteil einer Sekunde glaubt, sein Leben sei in Gefahr. Die gleiche Angst und Sensibilität verspürt ein Kind mit ADHS, wenn es überreizt ist. Wie Kinder auf Überreizung reagieren, ist unterschiedlich. Manche Jungen werden sichtlich unruhig und defensiv. Ihre Impulsivität nimmt überhand und sie schreien, fluchen oder werden körperlich aggressiv. Andere Jungen ziehen sich zurück oder meiden bewusst Situationen, die einen Auslöser darstellen könnten, z. B. den Spielplatz, helle Außenbereiche wie den Strand, Einkaufszentren oder Kinobesuche.

Es lohnt sich auch herauszufinden, für welche Arten von sensorischen Reizen Ihr Kind eine niedrige Reizschwelle hat, denn oft gibt es eine bestimmte Art von sensorischen

Auslösern, die es nicht tolerieren kann. Manche Jungen mit ADHS haben zum Beispiel kein Problem mit lauten Geräuschen, reagieren aber extrem empfindlich auf Berührungen. Bestimmte Stoffe zu tragen, barfuß zu laufen, umarmt oder geküsst zu werden, sind einige der Dinge, die bei ihnen ein tiefes Unbehagen auslösen können. Nur wenn Sie Ihr Kind beobachten, können Sie mehr über seine Auslöser erfahren.

Helfen Sie Ihrem Kind, sensorische Auslöser zu erkennen

Wenn sensorische Verarbeitungsprobleme nicht angegangen werden, können sie das Wohlbefinden und die Sicherheit Ihres Kindes und sein tägliches Funktionieren beeinträchtigen. Wenn es zum Beispiel von einem Lehrer angeschrien wird, kann dies so störend sein, dass es ihm schwerfällt, sich in der Schule zu konzentrieren.

Es ist auch nicht gesund, wenn Ihr Kind über einen längeren Zeitraum im "Kampf- oder Fluchtmodus" ist. Das kann nicht nur sein Immunsystem beeinträchtigen (und es anfällig für körperliche Krankheiten machen), sondern auch seine ADHS-Symptome verschlimmern.

Schon in jungen Jahren können Sie Ihrem Kind helfen, seine sensorischen Auslöser zu erkennen. Das kann so einfach sein wie das Führen eines Notizbuchs, in dem Sie häufige Empfindungen, die Ihr Kind als unangenehm empfindet, festhalten.

Später können Sie ihm beibringen, wie es seine Auslöser durch Selbstbehauptung vermeiden kann. So können Sie ihm beispielsweise beibringen, wie es ein Erdnussbutterbrot bei einem Freund höflich ablehnt, weil es den Geruch oder

Geschmack von Erdnüssen nicht mag, oder wie es körperliche Grenzen setzt, damit es keine unerwünschten Umarmungen erhält.

Im Folgenden finden Sie eine Liste häufiger sensorischer Auslöser und einige Möglichkeiten, diese zu bewältigen:

Berührungstaktile Empfindlichkeit

Wenn Ihr Kind empfindlich auf Berührungen oder Texturen reagiert, kann ihm das "Fühlen" von Gegenständen oder der persönliche Kontakt mit einer anderen Person Unbehagen bereiten. Häufige Auslöser sind unter anderem:

- Beschaffenheit bestimmter Lebensmittel und Stoffe

- unerwünschter persönlicher Kontakt

- das Gefühl, wenn jemand das Haar bürstet

- Berühren von Dingen, die an den Händen kleben

Gehen Sie mit Ihrem Kind einkaufen und lassen Sie es verschiedene Stoffe anprobieren, um diesen Auslöser in den Griff zu bekommen. Wenn Ihr Kind empfindlich auf Kleidungsetiketten reagiert, schneiden Sie diese mit einer Schere sauber ab. Wenn es um die Beschaffenheit bestimmter Lebensmittel geht, bereiten Sie zu Hause verschiedene Mahlzeiten zu und beobachten Sie, welche Zutaten Ihr Kind auf dem Teller liegen lässt oder ausspuckt.

Akustisch-auditive Empfindlichkeit

Geräuschempfindlichkeiten können dazu führen, dass Ihr Kind auf verschiedene Arten von Geräuschen reagiert. Dabei muss es sich nicht unbedingt um ein lautes Geräusch handeln, obwohl dies häufig der Fall ist. Es handelt sich im Allgemeinen um jedes Geräusch, das Ihr Kind als unangenehm empfindet. Häufige Auslöser sind:

- hohe Lautstärke im Radio, Fernsehen, etc.

- Hundegebell

- Feuerwerkskörper

- jemanden kauen oder schlürfen hören

- Aufenthalt in einem lauten Einkaufszentrum, einer Party oder einem Restaurant

Sie können diesen Auslöser in den Griff bekommen, indem Sie Ohrstöpsel oder Kopfhörer mit Geräuschunterdrückung kaufen, um die Geräusche zu blockieren. Manchmal, vor allem wenn Ihr Kind in der Öffentlichkeit unterwegs ist, müssen Sie sein Bedürfnis, Kopfhörer zu tragen, vielleicht verstehen. Vielleicht können Sie festlegen, wann das Tragen von Kopfhörern angemessen oder unangemessen ist. (z. B. ist es angemessen, mit Kopfhörern durch das Einkaufszentrum zu gehen, aber unangemessen, wenn es sich in Gesellschaft von Freunden befindet oder wenn ein Lehrer eine Unterrichtsstunde hält).

Sehvermögen - Visuelle Sensibilität

Das Kind reagiert möglicherweise empfindlich auf helle und lebendige Farben und Licht oder auf eine unübersichtliche Umgebung. Im Allgemeinen halten sie sich lieber in Räumen auf, die ordentlich und organisiert sind und in denen nicht viel los ist. Häufige Auslöser sind:

- helle Lichter

- Videospiele

- Zeichentrickfilme und andere Fernsehsendungen

- unordentliche Umgebung (einschließlich einer schmutzigen Wohnung)

Zu den Möglichkeiten, mit den Auslösern umzugehen, gehört es, Ihr Kind zu ermutigen, einen Hut oder eine Sonnenbrille zu tragen, wenn es im Freien spielt, Leuchtstoffröhren durch dimmbare Lampen im ganzen Haus (oder zumindest im Schlafzimmer Ihres Kindes) zu ersetzen und die Bildschirmzeit Ihres Kindes zu überwachen (indem Sie bestimmte überstimulierende Sendungen einschränken).

Geruchsempfindlichkeit

Unterschiedliche, ungewöhnliche oder starke Gerüche können für ein Kind, das besonders empfindlich auf Gerüche reagiert, unangenehm sein. Das bedeutet auch, dass sie Gerüche wahrnehmen können, die in der Luft liegen und die andere vielleicht nicht bemerken. Häufige Auslöser sind unter anderem:

- starke Parfüms und Kölnischwasser

- Zigarettenrauch

- Dämpfe aus einem Mülleimer

- bestimmte Gewürze oder Lebensmittelzutaten

Sie können diese Auslöser in den Griff bekommen, indem Sie herausfinden, welche Arten von Düften Ihr Kind als unangenehm empfindet. Achten Sie auf die Düfte, die im Haus verweilen, auf Blumendeko und die Gewürze, mit denen Sie kochen. Sie können auch beurteilen, wie Ihr Kind reagiert.

Wenn es sich zum Beispiel in die Nase kneift oder sich übergeben muss, achten Sie darauf, wo es sich befindet und was es in der Hand hält oder in der Nähe steht.

Geschmacksempfindlichkeit

Schließlich kann es sein, dass Ihr Kind empfindlich auf den Geschmack bestimmter Lebensmittel oder Getränke reagiert. Wenn dies der Fall ist, wird es sich höchstwahrscheinlich weigern, diese Lebensmittel zu essen. Bitte beachten Sie, dass es sich dabei nicht um eine typische Verweigerung von Gemüse handelt, sondern um eine Ekelempfindlichkeit gegenüber bestimmten Lebensmitteln. Häufige Auslöser sind:

- heißes Essen(Temperatur)

- scharfes (würziges) Essen

- kalte Lebensmittel (Temperatur)

- süße, saure oder salzige Lebensmittel

- texturierte Lebensmittel (d. h. pürierte, knusprige oder klebrige Lebensmittel)

Der Unterschied zwischen Lebensmitteln, die Ihr Kind nicht mag, und solchen, auf die es empfindlich reagiert, lässt sich u. a. an seinen Reaktionen erkennen. Wenn es eine bestimmte Zutat oder ein bestimmtes Lebensmittel nicht mag, schiebt es dies vielleicht auf dem Teller herum, nimmt es aus einem Sandwich heraus oder isst nur kleine Mengen davon; wenn es jedoch empfindlich darauf reagiert, kann es weinen oder in Panik geraten, wenn es das Lebensmittel auf dem Teller sieht.

Was passiert, wenn Ihr Sohn mehr (und nicht weniger) Sinneseindrücke haben möchte?

Andere Jungen mit ADHS haben möglicherweise eine andere Art von sensorischen Verarbeitungsproblemen. Anstatt weniger Sinneseindrücke zu suchen, suchen sie mehr. Sie mögen es zum Beispiel, Dinge zu berühren oder Zuneigung von Menschen zu bekommen. Sie können auch eine hohe Schmerzgrenze haben und spielen lieber mit anderen Kindern, ohne zu merken, dass sie ihnen wehtun. Im Folgenden finden Sie einige Beispiele für sensorisch auffälliges Verhalten:

- Freude an schmutzigen Spielen (z. B. Malen mit den Händen, Purzelbäume im Schlamm)

- Kauen auf Kleidung

- Menschen anrempeln

- Lecken oder Kauen an ungenießbaren Gegenständen

- Reiben des Körpers an Wänden

- Sich im Kreis drehen

- Freude an Sonnenlicht, Stroboskoplicht und glänzenden Gegenständen

- sich gerne an überfüllten und lauten Orten aufhalten

- Freude an rauen Spielen wie Ringen

Denken Sie daran, dass manche Kinder beide Arten von sensorischen Verarbeitungsproblemen in unterschiedlichen Kontexten aufweisen können. Sie können zum Beispiel akustisch empfindlich sein, aber körperliche Berührung genießen und suchen. Deshalb ist es wichtig, Ihr Kind zu beobachten und herauszufinden, was seine Auslöser sind und wonach es sich sehnt.

Bevor Sie Ihr Kind weiteren sensorischen Aktivitäten aussetzen, sollten Sie die Sicherheit und die Auswirkungen dieser Aktivitäten bedenken. Einige Aktivitäten wie das Spielen auf dem Trampolin oder Hindernisparcours sind relativ harmlos, während andere zu Abhängigkeit und sozialer Isolation führen können.

Wenn Ihr Kind zum Beispiel gerne visuelle Stimulation genießt, wie langes Videospielen, in sozialen Medien surfen oder fernsehen, dann sollten Sie ihm Grenzen setzen. Wenn Ihr Kind körperliche Berührungen mag, sollten Sie ihm beibringen, wie es die körperlichen Grenzen anderer respektiert und wann es akzeptabel oder inakzeptabel ist, andere Menschen zu umarmen, zu küssen oder in ihrer Nähe zu stehen.

Sie brauchen auch kein schlechtes Gewissen zu haben, wenn Sie "nein" zu bestimmten hochsensorischen Aktivitäten wie Ringen sagen, die für Ihr Kind sehr gefährlich sein können. Es gibt immer sicherere Alternativen, an die Sie Ihr Kind heranführen können und die nicht die gleichen Risiken bergen.

Wenn Sie z. B. keine groben Spiele dulden, können Sie Ihren Sohn zu einem Kampfsportkurs anmelden, in dem er lernt, seine Energie kontrolliert freizusetzen. Wenn Sie nicht möchten, dass Ihr Kind auf ungenießbaren Gegenständen herumbeißt oder kaut, können Sie es während der Mahlzeiten an verschiedene knusprige und kaubare Lebensmittel und Snacks heranführen oder es bitten, Ihnen bei der Zubereitung von Mahlzeiten zu helfen, damit es dabei die Zutaten probieren kann.

Bitte bedenken Sie, dass sich Ihr Kind bei denselben hochsensorischen Aktivitäten schnell langweilen kann, vor allem wenn es wächst und ins Teenageralter kommt. Es kann Interesse an anderen Sportarten, gesellschaftlichen Ereignissen, Lebensmitteln, Berührungen und Musik zeigen. Recherchieren Sie selbst und prüfen Sie, wie sicher diese Aktivitäten für Ihr Kind sind. Wenn Ihr Kind für bestimmte Aktivitäten noch zu jung ist, suchen Sie nach Alternativen. Nichtsdestotrotz ist es gesund, zu experimentieren, und es gibt keinen Grund, davor zurückzuschrecken.

Zusammenafassung – Kapitel Takeaways

- Der wichtigste Auslöser, der Ihr Kind aus der Fassung bringen kann, ist Überstimulation. Dies ist der Fall, wenn das Gehirn Ihres Kindes Probleme hat, Sinneseindrücke aus der Umgebung zu verarbeiten.

- Anzeichen dafür, dass Ihr Kind überreizt ist, sind Weinen, Wutanfälle, Panikattacken oder Isolation. In diesem Fall sollten Sie sich darauf konzentrieren, den Auslöser für die

Stimulation Ihres Kindes zu finden und ihn (wenn möglich) zu beseitigen.

- Sobald Sie die sensorischen Auslöser Ihres Kindes identifiziert haben, ist es viel einfacher, vorauszuplanen, um eine Exposition zu vermeiden. Sie können Ihrem Kind auch beibringen, sich in der Öffentlichkeit selbst zu behaupten, z. B. bestimmte Nahrungsmittel, die Auslöser sind, höflich abzulehnen.

- Es ist auch möglich, dass Ihr Kind eine andere Art von sensorischem Problem hat, bei dem es sich eher nach mehr als nach weniger Stimulation sehnt. Beobachten Sie, nach welcher Art von Stimulation Ihr Kind sich sehnt, und finden Sie gesunde Aktivitäten, an denen es teilnehmen kann. Es ist in Ordnung, Grenzen zu setzen und bestimmte hochsensorische Verhaltensweisen zu verbieten, insbesondere wenn sie riskant oder für das Alter Ihres Kindes unangemessen sind.

Das letzte Kapitel enthält eine Liste von Aktivitäten, die Sie mit Ihrem Kind durchführen können, um die Sinne zu schärfen.

Kapitel 3:

Wie Sie mit den explosiven Emotionen Ihres Kindes umgehen, ohne die Kontrolle zu verlieren

Die emotionale Impulsivität von ADHS kann dazu führen, dass man leicht aus der Haut fährt oder mit verletzenden Dingen herausplatzt.
–ADDitude Magazine

Das ADHS-Gehirn und Emotionen

Emotionale Dysregulation gehört nicht zu den Diagnosekriterien für ADHS. Es gibt jedoch genügend

Forschungsergebnisse, die darauf hindeuten, dass es Kindern mit ADHS schwerfällt, ihre Emotionen zu kontrollieren.

In einer Forschungsstudie aus dem Jahr 2020 wurden 67 Kinder im Alter von 10 bis 14 Jahren aufgefordert, an einer Spiegelverfolgungsaufgabe (Mirror Tracing Persistence Task, MTPT) teilzunehmen, einem Computerspiel, das die Belastungs- und Frustrationstoleranz misst. Die Kinder wurden in zwei Gruppen eingeteilt: diejenigen, die die DSM-5-Kriterien für ADHS erfüllten, und diejenigen, die kein ADHS hatten. Die Ergebnisse zeigten, dass die Gruppe der Kinder mit ADHS die Aufgabe eher abbrach als die Gruppe ohne ADHS, was auf eine geringere Frustrationstoleranz schließen lässt (Seymour et al., 2016).

Einer der häufigsten Mythen über ADHS ist, dass es sich um eine Verhaltensstörung handelt. Nach Ansicht mancher Menschen besteht das Problem darin, dass Kinder mit ADHS einfach nicht wissen, wie sie sich richtig verhalten sollen. Ein Kind, das einen emotionalen Zusammenbruch erleidet, wird manchmal fälschlicherweise für ein Kind gehalten, das Aufmerksamkeit sucht. Die eigentliche Ursache für ihre emotionalen Probleme liegt jedoch im Gehirn.

ADHS beeinträchtigt die Gehirnfunktion, was zu kognitiven, emotionalen und verhaltensbezogenen Beeinträchtigungen führt. Aufgrund des beeinträchtigten Arbeitsgedächtnisses kann Ihr Kind beispielsweise überreagieren, wenn es eine starke Emotion erlebt, da sie sich genauso intensiv anfühlt, wie wenn es die Emotion zum ersten Mal erlebt. Außerdem kann ein gestörtes Arbeitsgedächtnis es Ihrem Kind erschweren, die Gefühle anderer zu erkennen und angemessen darauf zu reagieren.

Ein weiteres häufiges Phänomen, das nur bei Kindern mit ADHS auftritt, ist das so genannte Flooding. Dies tritt auf, wenn das Gehirn Ihres Kindes von einer vorübergehenden intensiven Emotion überwältigt wird. Stellen Sie sich vor, Sie arbeiten an Ihrem Computer und plötzlich friert Ihr Bildschirm ein. Sie konnten die Maus nicht bewegen, den Bildschirm nicht aktualisieren und Ihr Gerät nicht neu starten. In diesen wenigen Minuten (die sich sehr wohl wie eine lange Zeit anfühlen können) waren Sie dem aufgetretenen Fehler hilflos ausgeliefert.

Die gleiche Analogie kann verwendet werden, um die Erfahrung einer Überschwemmung zu erklären. In diesen wenigen Minuten (die sich für Ihren Sohn wie eine Ewigkeit anfühlen) wird er von einem einzigen intensiven Gefühl überwältigt, das ihn wie gelähmt zurücklässt. Sie können keine Bewältigungsstrategien anwenden, weil der Teil ihres Gehirns, der für das logische Denken zuständig ist, vorübergehend ausgeschaltet ist. Alles, worauf sie sich konzentrieren können, ist die einzelne Emotion, die ihr Gehirn in Beschlag genommen hat - alles andere scheint keine Rolle zu spielen. Dies kann erklären, warum Ihr Kind lange braucht, um sich zu beruhigen und zu seinem normalen Verhalten zurückzukehren, nachdem es einen Auslöser erlebt hat.

Vielleicht fragen Sie sich, welche langfristigen Auswirkungen es hat, wenn Ihr Kind Schwierigkeiten hat, seine Gefühle zu erkennen, zu verarbeiten und zu kontrollieren. Im Folgenden finden Sie einige Überlegungen dazu:

- **Kämpfe mit sozialen Ängsten.** Bei Jungen mit ADHS, insbesondere bei Teenagern, besteht die Gefahr, dass sie soziale Ängste entwickeln. Dies hat mit ihrer Angst zu tun, wie andere auf sie reagieren könnten, wenn sie von ihrer Diagnose erfahren oder Unterschiede in ihrem Verhalten bemerken.

- **Vermeidung unangenehmer Gefühle.** Manche Jungen beschließen, dass es besser ist, ihre Gefühle einfach zu verdrängen oder zu leugnen, anstatt Wege zu finden, mit ihnen fertig zu werden. In diesem Fall greifen sie zu Vermeidungsverhaltensweisen wie dem Aufschieben des Lernens für Prüfungen, dem Hören von Musik oder anderen Ablenkungen, wenn sie sich niedergeschlagen fühlen, oder der mentalen Dissoziation (Abschottung von ihren Gedanken, Erinnerungen und ihrer Umgebung).

- **Sich in Gefühlen verlieren.** Es ist auch möglich, dass Jungen das Gegenteil tun und sich zu sehr auf ihre Gefühle konzentrieren, bis hin zu einem Zustand der Panik. Die Ursache dafür ist oft die Unfähigkeit, Erfahrungen rational zu verarbeiten, z. B. eine reale von einer eingebildeten Bedrohung zu unterscheiden.

- **Häufige Stimmungsschwankungen oder anhaltende Traurigkeit.** Das Leben mit einer Behinderung, die sich auf Ihr Denken, Ihr Verhalten und Ihre Beziehungen zu anderen auswirkt, kann frustrierend und deprimierend sein. Diese Gefühle können durch die Tatsache verschlimmert werden, dass nicht viele Menschen (einschließlich der Mediziner) das Wesen und die Auswirkungen von ADHS verstehen, was es schwieriger macht, Hilfe zu bekommen. Diese Frustrationen können verinnerlicht werden und ein Gefühl der Unzulänglichkeit und ein geringes Selbstwertgefühl auslösen.

Die gute Nachricht ist, dass emotionale Herausforderungen, die durch ADHS hervorgerufen werden, behandelt werden können. Der Prozess beginnt oft mit einer medizinischen Diagnose, der Einnahme der richtigen Medikamente (falls zutreffend) und der Anwendung verschiedener psychotherapeutischer Strategien zur Entwicklung von Fähigkeiten zur Emotionsregulierung. In den folgenden Abschnitten werden altersgerechte Interventionen vorgestellt, die Ihrem Kind helfen, seine explosiven emotionalen Reaktionen zu bewältigen.

Altersgerechte Strategien, die Ihrem Kind helfen, mit großen Emotionen umzugehen

Kein Kind wird mit der Fähigkeit zur Selbstregulierung geboren, und oft werden diese Fähigkeiten zu Hause oder in der Schule nicht vermittelt. Es ist Aufgabe der Eltern, einzugreifen und ihren Kindern beizubringen, wie sie mit Stress und überwältigenden Gefühlen umgehen können.

Natürlich müssen Eltern von Kindern mit ADHS diese Fähigkeiten möglicherweise viel stärker fördern als Eltern von Kindern ohne ADHS; gut zu wissen ist jedoch, dass die Strategien dieselben sind. Die beste Art und Weise,

Selbstregulierungsfähigkeiten zu lehren, besteht darin, sie bewusst einzusetzen. Nutzen Sie schwierige Verhaltensweisen als Gelegenheit, um die am besten geeigneten Selbstregulationsfähigkeiten vorzustellen und zu üben und emotionale Unterstützung zu leisten. Ärzte bezeichnen dies als "Gerüstbau" für das erwünschte Verhalten. Dies sollte kontinuierlich geschehen, bis Ihr Sohn die Fähigkeit selbständig üben kann.

Wenn Sie z. B. bemerken, dass Ihr Kind bei einem geselligen Beisammensein eine Reizüberflutung erlebt, können Sie es in einen ruhigen Raum oder Bereich bringen und fragen, wie es sich fühlt. Vielleicht ist Ihr Kind alt genug, um seine Gefühle zu beschreiben, oder es braucht Ihre Hilfe, indem Sie ihm Vorschläge machen (z. B. "Hast du Angst oder bist du wütend?").

Danach können Sie ihnen geeignete Selbstregulierungsfähigkeiten vermitteln, um sie zu beruhigen, z. B. indem Sie ihnen beibringen, wie man tief einatmet. Zeigen Sie ihnen zunächst, wie man eine einfache Atemübung ausführt, und bitten Sie sie, Ihnen zu folgen. Fordern Sie sie anschließend auf, die Atemübung selbst zu machen, und loben Sie ihre Bemühungen. Wiederholen Sie diesen Vorgang immer und immer wieder, bis es für Ihr Kind zur zweiten Natur wird, eine Atemübung zu machen, wenn es sich überfordert fühlt.

Nachfolgend finden Sie einige altersgemäße Selbstregulierungsfähigkeiten, die Sie Ihrem heranwachsenden Kind beibringen und verstärken können:

Jungen im Alter von 3-8 Jahren

Typische explosive Verhaltensweisen, die Sie von Ihrem Kleinkind oder Vorschulkind erwarten können, sind Schwierigkeiten beim Teilen von Spielzeug (es schnappt anderen die Gegenstände weg), Wutausbrüche, wenn es frustriert ist, Ausraster gegen andere und grobes Spiel. Die besten Möglichkeiten, Ihrem Kind in dieser Entwicklungsphase bei der Selbstregulierung zu helfen, bestehen darin, seine Aufmerksamkeit sanft auf eine weniger auslösende Aktivität zu lenken und ihm verschiedene Selbstberuhigungsstrategien beizubringen.

Im Folgenden finden Sie fünf Strategien, mit denen Ihr Kind lernen kann, mit überwältigenden Gefühlen umzugehen:

1. Machen Sie eine Bewegungspause

Wenn Ihr Kind sichtlich aufgeregt ist, lenken Sie es durch eine Bewegungspause ab. Wenn Sie drinnen sind, ermuntern Sie es, mit Ihnen draußen Fangen zu spielen, mit dem Hund zu toben oder Laub zu rechen. Wenn Sie nicht nach draußen gehen können, stellen Sie drinnen spannende Aufgaben, die mit der Hausarbeit zu tun haben, z. B. "Wer kann die meiste Wäsche zusammenlegen?" oder "Wer kann die meisten Spielsachen vom Boden aufheben und in den Spieleimer legen?" Achten Sie darauf, dass die Aktivitäten viel Bewegung beinhalten, damit Ihr Kind Spannungen abbauen kann.

2. Üben Sie eine Atemübung

Wenn Ihr Kind aufgeregt ist, kann es hyperventilieren, was dazu führt, dass es weniger Luft in seinen Körper bekommt. Atemübungen verlängern den Atem bewusst, um einen Zustand der Ruhe zu erreichen; sie fördern die Bauchatmung und nicht die flache Brustatmung. Da Kinder mit Begriffen wie "einatmen" und "ausatmen" nicht vertraut sind, können Sie ihnen den Vorgang anhand verschiedener Gegenstände beibringen.

Kaufen Sie zum Beispiel eine Flasche mit Seifenblasenwasser und bitten Sie Ihr Kind, tief einzuatmen und dann die Seifenblasen so lange zu pusten, wie es kann. Ein anderer Trick besteht darin, das Kind auf das Bett zu legen und ihm ein Stofftier auf den Bauch zu legen. Bitten Sie es, das Tier auf und ab zu bewegen, indem es tief und langsam einatmet. Sie können Ihrem Kind auch helfen, indem Sie für es zählen, während es ein- und ausatmet.

3. Üben, Gefühle wahrzunehmen und zu benennen

Eine weitere gute Möglichkeit, um eine Überschwemmung zu verhindern und Ihr Kind davon abzulenken, sich intensiv auf seine starke Emotion zu konzentrieren, besteht darin, es dazu zu bringen, seine Gefühle wahrzunehmen und zu benennen. Beginnen Sie damit, dem Kind Fragen zu stellen, was es in seinem Körper fühlt (z. B. "Tut dein Bauch weh? Tut dein Kopf weh? Treten dir Tränen in die Augen?"). Nachdem sie dies bestätigt haben, fragen Sie es, wie es sich bei diesen körperlichen Empfindungen fühlt (z. B. "Wie fühlst du dich, wenn dein Bauch wehtut?"). Bestätigen Sie abschließend die Gefühle des Kindes mit seinen eigenen Worten. Sie könnten z. B. sagen: "Ja, ich kann sehen, dass du dich wegen deines wunden Bauches krank fühlst. Du siehst nicht sehr gesund aus."

4. Geben Sie eine Auszeit

Herkömmliche Auszeiten werden eingesetzt, um ein Kind aus einer Situation herauszuholen und es hoffentlich dazu zu bringen, sein Verhalten zu überdenken. Für Kinder mit ADHS können Auszeiten jedoch isolierend und verwirrend sein, da sie nicht in der Lage sind, ihre starken Emotionen zu kontrollieren oder sich selbst zu beruhigen. Auszeiten sind ein sanfter Weg, das Verhalten zu ändern. Anstatt das Kind in eine isolierte Ecke oder ein Zimmer zu schicken, um allein zu sein, gehen die Eltern mit dem Kind zur Seite und trösten es, bis es sich beruhigt hat. Mit der Zeit können Auszeiten die emotionale Intelligenz Ihres Kindes verbessern und explosive Reaktionen verringern.

5. Wege zur Abkühlung finden

Wenn Sie eine beginnende Angstspirale bemerken, handeln Sie schnell und suchen Sie nach Möglichkeiten, die Körpertemperatur Ihres Kindes zu kühlen. Kalte Temperaturen (unter der normalen Körpertemperatur) können wie ein "Schock" für den Körper wirken und dem "Kampf- oder Fluchtmodus" entgegenwirken. Das kühle Gefühl wirkt auch beruhigend und kann als positive Ablenkung von intensiven Gefühlen dienen. Sie können Ihrem Kind helfen, sich abzukühlen, indem Sie ihm ein Glas Wasser einschenken, ein kaltes, feuchtes Tuch auf die Stirn legen, es bitten, an einem Eiswürfel zu lutschen, oder es ermutigen, ein kurzes Bad im Pool zu nehmen.

Jungen im Alter von 9-12 Jahren

Kinder und Jugendliche im Schulalter wissen besser, was akzeptable und inakzeptable Verhaltensweisen sind; das bedeutet jedoch nicht, dass sie immer mit ihren Eltern kooperieren. In dieser Phase ihrer Entwicklung beginnen sie, ein Selbstbewusstsein aufzubauen und ihre eigenen Ideen und Überzeugungen über die Welt zu formulieren. Zu den typischen explosiven Verhaltensweisen gehören häufige Stimmungsschwankungen, die Weigerung, sich an Regeln zu halten, das absichtliche Provozieren anderer und die Weigerung, die Verantwortung für ihr Handeln zu übernehmen.

In diesem Stadium ist Ihr Kind alt genug, um die Fähigkeiten der exekutiven Funktionen zu erlernen, die ihm später im Leben helfen werden. Exekutive Funktionen beziehen sich auf mentale Prozesse, die es Ihrem Kind ermöglichen, im Voraus zu planen, sich auf Aufgaben zu konzentrieren, Regeln zu befolgen, sein Verhalten zu reflektieren und zu ändern und Selbstkontrolle zu üben.

Im Folgenden finden Sie fünf Fähigkeiten, die Sie Ihrem Kind beibringen und verstärken sollten, damit Sie erste Verbesserungen im Verhalten Ihres Kindes feststellen können:

1. Einleitung der Aufgabe

Sowohl Sie als auch Ihr Sohn könnten sich häufig über die Erwartungen an seine Aufgaben ärgern. Einerseits sind Sie es vielleicht leid, Ihr Kind daran zu erinnern, mit den Hausaufgaben anzufangen, seine Aufgaben zu erledigen oder sich an wichtige Termine zu erinnern. Andererseits könnte Ihr Kind von der ständigen Nörgelei und dem Mikromanagement genervt sein.

Wenn Sie Ihrem Kind beibringen, Aufgaben selbst zu erledigen, können Sie es befähigen, proaktiv mit seiner Zeit und seinen Aufgaben umzugehen, so dass Sie sich zurückziehen und ihm erlauben können, selbstständig zu arbeiten. Ziel ist es, Ihrem Kind beizubringen, wie es Aufgaben so gründlich wie möglich erledigt und dabei Ablenkungen vermeidet.

Eine gute Strategie, die Sie einführen können, ist die Zeitmessung, wie schnell Ihr Kind eine Aufgabe erledigen kann. Notieren Sie die Start- und Endzeiten für jede Aufgabe und loben Sie Ihr Kind für seine Bemühungen. Legen Sie gemeinsam Ziele fest, wie viele Sekunden oder Minuten eine

Aufgabe dauern sollte. Zum Beispiel könnten Sie beide darauf hinarbeiten:

- Beginn einer Aufgabe innerhalb von 15 Sekunden nach Erhalt der Anweisung

- zwei Minuten Zeit, um alle für eine Aufgabe erforderlichen Materialien und Hilfsmittel zu sammeln

- 30 Sekunden Zeit für den Übergang von einer Aufgabe zur nächsten

Positive Verstärkung ist eine wichtige Komponente beim Erlernen der Aufgabeneinleitung. Loben Sie Ihr Kind, wenn es gute Fortschritte macht, auch wenn es seine Ziele nicht erreicht.

2. Selbstbeherrschung

Es ist normal, wütend oder ungeduldig zu werden. Wenn starke Emotionen wie diese jedoch nicht kontrolliert werden, können sie zu Überreaktionen führen. Anstatt Ihr Kind immer daran zu erinnern, sich zu beruhigen oder zu überlegen, bevor es handelt, können Sie ihm beibringen, sein Verhalten zu kontrollieren.

Es gibt verschiedene Möglichkeiten, dies zu tun, z. B. indem Sie Ihrem Kind etwas über Ursache und Wirkung beibringen, was ihm helfen kann zu verstehen, dass jedes Verhalten eine Konsequenz hat. Sie können Verhaltensweisen wie Schreien untersuchen und aufzeigen, wie sie zu negativen Konsequenzen führen können. Wenn ein Kind zum Beispiel in der Schule ein anderes Kind anschreit, hat das Konsequenzen: Es kann Ärger mit den Lehrern bekommen oder einen Freund verlieren.

Gehen Sie einige hypothetische Szenarien durch und fragen Sie Ihr Kind, welche Konsequenzen es sich vorstellen kann. Helfen Sie ihm, den Unterschied zwischen unerwünschten Verhaltensweisen, die die geringsten und die meisten Konsequenzen nach sich ziehen (z. B. Schulverweis), zu erkennen.

Außerdem können Sie Ihrem Kind beibringen, den Raum zu lesen. Das bedeutet, dass man sein Verhalten an die Menschen und die Umgebung anpasst, in der man sich befindet. Wenn es zum Beispiel mit Eltern, Lehrern oder Ärzten spricht, können Sie es daran erinnern, gute Manieren zu zeigen, wie "bitte" und "danke" zu sagen. Wenn sie sich in einer formellen Umgebung wie einem Büro, einer Kirche oder einem Arztzimmer befinden, können Sie es daran erinnern, ihre sanfte Stimme zu benutzen. Rollenspiele sind eine gute Möglichkeit, um zu üben, wie man sich in verschiedenen sozialen Kontexten verhält.

3. Akzeptieren und Reflektieren von Feedback

Für Jungen mit ADHS kann es sehr schwierig sein, Feedback anzunehmen, egal wie "höflich" es auch klingen mag. Da sie viele ihrer Ängste und Frustrationen in sich aufstauen, reagieren sie überempfindlich auf jeden Kommentar, der wie ein Angriff auf sie selbst klingen könnte. Wie Sie jedoch wissen, ist Feedback ein notwendiger Bestandteil der Selbstentwicklung - möglicherweise das beste Werkzeug für Veränderungen.

Sie können Ihrem Kind am besten beibringen, Feedback anzunehmen und darüber nachzudenken, indem Sie ihm ein nicht-defensives Verhalten vorleben. Wenn Sie mit Ihrem Kind sprechen, bestätigen Sie seine Gedanken und Gefühle, auch wenn Sie selbst nicht der gleichen Meinung sind. Sagen Sie Sätze wie "Ich höre dich" und "Ich schätze deine

Meinung". Wenn die Rollen vertauscht sind (wenn Sie Ihre Gedanken und Gefühle zum Ausdruck bringen), fragen Sie es: "Hörst du mich?" und "Kannst du meine Meinung nachvollziehen?"

Sie können ihm auch beibringen, dass es beim Feedback darum geht, falsches Verhalten zu erkennen und nach Lösungen zu suchen. Es ist niemals ein direkter Angriff auf eine Person. Beschimpfungen zum Beispiel sind kein nützliches Feedback, da sie sich nicht auf ein bestimmtes Verhalten beziehen. Lassen Sie die Kinder üben, Feedback zu den Mahlzeiten zu geben, die Sie zubereiten, oder zu dem Outfit, das Sie tragen. Machen Sie absichtlich Fehler (z. B. zu viel Salz ins Essen geben) und bitten Sie sie, Sie zu kritisieren. Loben Sie sie am Ende der Übung dafür, dass sie Ihnen wertvolles Feedback gegeben haben, das Sie in Zukunft umsetzen können.

4. Toleranz gegenüber Veränderungen

Ein weiterer Faktor, der explosive Emotionen auslösen kann, sind Veränderungen (vor allem, wenn Ihr Kind sie nicht kommen sieht). Ihr Kind könnte zum Beispiel negativ reagieren, wenn sich seine Routine unerwartet ändert oder neue Regeln ohne Vorwarnung oder Diskussion durchgesetzt werden. Es kann sich auch davor fürchten, dass von ihm erwartet wird, eine neue und schwierige Aufgabe zu erfüllen, z. B. für eine wichtige Prüfung zu lernen oder einem sozialen oder sportlichen Verein beizutreten.

Um emotionale Ausbrüche oder Vermeidungsverhalten zu verhindern, sollten Sie offene und ehrliche Gespräche über die bevorstehenden Veränderungen führen und darüber, was Ihr Kind erwarten kann. Es ist nie eine gute Idee, Überraschungen zu planen, weil Sie nicht wissen, wie Ihr Kind darauf reagieren könnte. Nutzen Sie verschiedene

Hilfsmittel, um Ihr Kind auf das vorzubereiten, was auf es zukommt, z. B. indem Sie gemeinsam eine Liste von Schritten aufschreiben, Fotos des Ortes oder der Veranstaltung durchgehen, ihm ein Bild des neuen Lehrers zeigen oder Videos von einem Erlebnis ansehen.

Wenn Ihr Kind Fragen zu der bevorstehenden Veränderung hat, seien Sie bereit, diese zu beantworten. Wenn die Erfahrung auch für Sie neu ist, ist es in Ordnung, wenn Sie sagen: "Ich weiß es nicht". Die Wahrheit ist, dass wir nie vollständig auf Veränderungen vorbereitet sein können, und dies ist eine wichtige Lektion, die Ihr Kind lernen muss.

5. Selbstbeobachtung

Bei der Selbstbeobachtung geht es darum, das eigene Verhalten zu hinterfragen und zu bewerten, ob man die richtigen oder falschen Entscheidungen trifft. Aufgrund seiner Impulsivität könnte Ihr Kind Aufgaben im Eiltempo erledigen, ohne alle Schritte sorgfältig auszuführen, oder es könnte eine Bemerkung machen, ohne zu erkennen, welche Auswirkungen sie auf den Empfänger hat.

Der beste Zeitpunkt, um diese Fähigkeit zu trainieren, ist unmittelbar nachdem Ihr Kind sich unangemessen verhalten hat. Lenken Sie die Aufmerksamkeit des Kindes auf sich und fragen Sie: "Kannst du mir sagen, was an dem, was du gerade getan hast, falsch war?" Wenn das Kind nicht in der Lage ist, seinen Fehler zu erkennen, erklären Sie es ihm nur anhand von Fakten. Sie könnten sagen: "Ich habe gerade gesehen, wie du mit schlammigen Schuhen ins Haus gegangen bist. Erinnere dich daran, dass schmutzige Schuhe draußen ausgezogen werden müssen." Helfen Sie dem Kind danach, sich richtig zu verhalten, indem Sie es durch das gewünschte Verhalten führen und es positiv bestärken.

Jungen im Alter von 13-17 Jahren

Jungen im Teenageralter sind sich bewusst, was von ihnen erwartet wird. Wenn sie explosiv reagieren, liegt das in der Regel daran, dass sie sich machtlos, entkräftet oder nicht respektiert fühlen. Sie können beispielsweise Schwierigkeiten haben, Versagen oder Ablehnung zu akzeptieren, oder sie fühlen sich von Freunden und Familie missverstanden. Zu den typischen trotzigen Verhaltensweisen gehören Lügen, Fluchen, Machtkämpfe, Anfechtung von Autoritäten, Selbstverletzungen und Regelverstöße zu Hause und in der Schule.

Der beste Weg, Ihrem Kind in diesem Alter Fähigkeiten zur Selbstregulierung beizubringen, besteht darin, positive Verhaltensweisen vorzuleben. Was sie mehr brauchen, als gesagt zu bekommen, was richtig und falsch ist, ist, dass ihnen gesunde Verhaltensweisen vorgelebt werden. Abgesehen davon, dass Sie ein gutes Vorbild sind, ist es auch wichtig, darauf zu achten, wie Sie mit Ihrem Kind kommunizieren, vor allem wenn Sie es disziplinieren. Stellen Sie sich vor, Sie würden mit einem anderen Erwachsenen sprechen, der Respekt und Rücksichtnahme verlangt.

Im Folgenden finden Sie fünf Strategien, die Ihrem jugendlichen Sohn helfen, sich selbst zu regulieren:

1. Lehren Sie verzögerte Belohnung

Aufgeschobene Belohnung bedeutet, heute etwas zu tun, was in der Zukunft zu positiven Ergebnissen führen wird. Die Belohnung erfolgt nicht sofort, was bedeutet, dass die Aufgabe oder Situation zu diesem Zeitpunkt "strafend" erscheinen kann. Zu den typischen Situationen, in denen Ihr Kind die aufgeschobene Belohnung üben muss, gehören das Lernen für Prüfungen, die Erledigung von Hausarbeiten oder das Sparen von Geld. Keine dieser Aufgaben macht besonders viel Spaß, aber alle können Ihr Kind auf das Erwachsensein vorbereiten.

Wenn Sie Ihrem Kind beibringen, die Belohnung hinauszuzögern, sollten Sie ihm zunächst zeigen, wie es zwischen dringenden Aufgaben, wichtigen Aufgaben und nicht dringenden/wichtigen Aufgaben unterscheiden kann. Dringende Aufgaben sind solche, die schnell erledigt werden müssen, wie zum Beispiel das Füttern von Tieren. Zwischen dem Erhalt von Anweisungen und dem Ergreifen von Maßnahmen liegen nur wenige Sekunden. Wichtige Aufgaben sind solche, die vor dem Ende des Tages erledigt werden müssen. Aus der Routine Ihres Kindes geht hervor, mit welcher wichtigen Aufgabe Sie beginnen sollten.

Nicht dringende/wichtige Aufgaben sollten erst dann in Angriff genommen werden, wenn alle wichtigen Aufgaben erledigt sind. In den meisten Fällen werden diese Aufgaben auf den nächsten Tag oder das Wochenende verschoben, wenn Ihr Kind mehr freie Zeit hat.

Im Folgenden finden Sie ein Beispiel dafür, wie Sie und Ihr Kind die Aufgaben sortieren könnten:

Dringende Aufgaben:

- vor dem Schlafengehen eine Schultasche packen

- das Bett machen, wenn man morgens aufsteht

- zu einer bestimmten Zeit an der Bushaltestelle ankommen

- Wichtige Aufgaben:

- Erledigung der Hausaufgaben für den Tag

- Lernen für eine anstehende Prüfung

- beim Abendessen helfen

- Nicht dringende/wichtige Aufgaben:

- einen Freund besuchen

- eine Fernsehserie nachholen

- Plätzchen backen

Nicht dringende/wichtige Aufgaben sind es, die die verzögerte Belohnung testen. Ja, die Aufgabe ist vielleicht nicht wichtig, aber sie kann Spaß machen, entspannend, kreativ und aufregend für Ihr Kind sein. Ermutigen Sie Ihr Kind, während der Woche (oder bei der Erledigung wichtiger Aufgaben) geduldig zu sein und die nicht dringende/wichtige Aufgabe wie eine Belohnung für seine harte Arbeit zu behandeln.

2. Den Wert des Geldes lehren

Wenn Ihr Kind ein Teenager wird, hat es finanzielle Bedürfnisse. Vielleicht bittet es Sie um Geld, um sich ein Gerät zu kaufen, mit Freunden auszugehen oder online einzukaufen. Anstatt ihre Bitten abzuschmettern, können Sie die Gelegenheit nutzen, ihnen den Wert des Geldes beizubringen.

Legen Sie zum Beispiel ein wöchentliches oder monatliches Taschengeld fest und zeigen Sie ihnen, wie man mit Geld umgeht. Eine Liste mit dringenden, wichtigen und nicht dringenden/wichtigen Dingen kann bei der Entscheidung, was sofort ausgegeben oder worauf gespart werden soll, hilfreich sein. Wenn das Taschengeld aufgebraucht ist, ermutigen Sie Ihr Kind, sich durch die Erledigung bestimmter Aufgaben und Wünsche zusätzliches Geld zu verdienen. Für jede erledigte Aufgabe oder jeden erfüllten Wunsch erhält es 10 Dollar/ Euro.

Wenn Ihr Kind sich einen teuren Gegenstand wünscht, der sein Taschengeld übersteigt, zeigen Sie ihm, wie es dafür sparen kann. Kaufen Sie Ihrem Kind ein Sparschwein und lassen Sie es entscheiden, wie viel es jede Woche oder jeden Monat weglegen möchte. Ermuntern Sie Ihr Kind, das Geld in das Sparschwein zu legen, bevor es mit den Ausgaben beginnt (eine gute Möglichkeit, um die verspätete Belohnung zu fördern). Sie können Ihr Kind sogar motivieren, indem Sie ihm helfen, Sparziele zu setzen und visuelle Hilfsmittel wie Diagramme oder Kalender verwenden, um seine Fortschritte zu verfolgen.

3. Lassen Sie sie Ihr Kind seine eigenen Kämpfe austragen

Die nächste Phase nach der Pubertät ist das Erwachsenwerden.

Ein großer Teil Ihrer Aufgabe als Elternteil wird darin bestehen, Ihr Kind auf die Verantwortung als Erwachsener vorzubereiten. Eine gute Möglichkeit, damit zu beginnen, ist die Führung von hinten. Wie ein Hirte, der sich um eine Schafherde kümmert, sollten Sie Ihrem Kind mit Rat und Tat zur Seite stehen, aber nicht aktiv seine Probleme lösen. Wenn es sich unangemessen verhält, lassen Sie die natürlichen Konsequenzen greifen. Wenn es zum Beispiel respektlos mit einem Lehrer spricht, lassen Sie die Schule ihre Disziplinarmaßnahmen durchführen.

Gewöhnen Sie sich an, Ihrem Kind mehr zuzuhören, als seine Probleme zu lösen. Bestätigen Sie die Gefühle Ihres Kindes und zeigen Sie Verständnis für das, was es durchmacht, aber überlassen Sie ihm stets die Entscheidungsfindung. Fragen Sie es: "Welche Möglichkeiten hast du?" oder "Was wirst du tun?". Welche Lösung es auch immer vorschlagen wird, unterstützen Sie es. Vielleicht ist es keine realistische Lösung, aber das muss es selbst herausfinden.

Ihre Aufgabe als Eltern ist es, ein Umfeld zu schaffen, in dem kreative Problemlösungen möglich sind - und die erste Idee muss nicht immer die beste sein. Wenn Ihr Kind mit einer Antwort wie "Ich weiß es nicht" antwortet, versichern Sie ihm, dass es im richtigen Moment instinktiv wissen wird, was zu tun ist. Damit bringen Sie Ihrem Sohn bei, auf sein eigenes Bauchgefühl zu vertrauen.

4. Verhandlungsgeschick

Einer der Vorteile der Selbstbestimmung Ihres Teenagers besteht darin, dass Sie sein Selbstvertrauen stärken und sein Selbstbewusstsein fördern. Ein selbstbewusster Teenager ist in der Lage, sein Verhalten zu hinterfragen, die Bedürfnisse anderer zu berücksichtigen (oder soziale Regeln und Erwartungen, denen er folgen muss) und gesunde Grenzen zu setzen, um seine eigenen Bedürfnisse zu schützen. Durch Verhandlungsgeschick lernt Ihr Kind, wie es Situationen schaffen kann, in denen beide Seiten gewinnen, und wie es ein Gleichgewicht zwischen seinen Bedürfnissen und denen einer anderen Person herstellen kann.

Manche Eltern vermeiden es, ihrem Kind diese Fähigkeit beizubringen, weil sie glauben, dass dies trotzige Verhaltensweisen wie Streit und die Weigerung, sich an Regeln zu halten, fördert. Dies ist jedoch nicht der Fall. Verhandlungsgeschick schmälert weder die Bedeutung von Regeln, noch erlaubt es Diskussionen über Regeln. Die Regeln, die zu Hause und in anderen öffentlichen Räumen aufgestellt werden, können nicht in Frage gestellt werden. Das bedeutet jedoch nicht, dass Ihr Kind keine Bedenken oder

Probleme äußern und Sie bitten kann, auf seine Bedürfnisse einzugehen.

Wenn Ihr Kind zum Beispiel nicht gerne Geschirr spült und jedes Mal einen Wutanfall bekommt, wenn es diese Aufgabe erledigen muss, können Sie sich mit ihm zusammensetzen und eine Verhandlung führen. Nennen Sie zunächst die Erwartung (z. B. jeden Abend das Geschirr zu spülen) und bitten Sie Ihr Kind dann, zu sagen, welche Bedenken oder Probleme es hat, die ihm die Erledigung dieser Aufgabe erschweren. Vielleicht mag es das Gefühl nicht, die Hände in schmutziges Wasser zu halten, oder es muss abends abwaschen, wenn es sich lieber ausruhen würde.

Auf der Grundlage der Bedenken oder Herausforderungen ist die nächste Frage, die Sie stellen sollten: "Was schlägst du vor, wie wir dieses Problem lösen können?" Sich von der Aufgabe freistellen zu lassen, ist keine Option, denn Regeln sind nicht verhandelbar. Sie können sich jedoch zurücklehnen und sich kreative Lösungen anhören, um die Aufgabe weniger unerwünscht zu machen. Sie könnten Sie zum Beispiel bitten, Küchenhandschuhe zu kaufen, um den direkten Kontakt mit dem Wasser zu vermeiden, oder das Kind könnte darum bitten, das Geschirr morgens und nicht spät abends zu spülen.

Einige der Vorschläge sind für Sie vielleicht nicht geeignet. Vielleicht gefällt Ihnen zum Beispiel nicht, dass das Kind morgens abwaschen soll. Sie können gerne anderer Meinung sein, aber nur, wenn Sie eine alternative Lösung haben. Vermeiden Sie es, die Ideen Ihres Sohnes abzulehnen, ohne etwas Besseres auf den Tisch legen zu können. Wenn Sie z. B. mit dem morgendlichen Abwasch nicht einverstanden sind, können Sie vorschlagen, das Abendessen eine Stunde vorzuverlegen, damit Ihr Kind nicht zu lange aufbleibt. Fahren Sie damit fort, Ideen hin und her zu schieben und Alternativen anzubieten, bis Sie sich auf einen tragfähigen Plan einigen können, der Sie beide zufrieden stellt.

5. Ermutigung zur Kommunikation über Bedürfnisse

Wenn Ihr Sohn sich daneben benimmt, ist das ein Zeichen für aufgestaute emotionale Spannungen. Er weiß am besten, wie er seine Gefühle ausdrückt oder Ihre Aufmerksamkeit erregen kann, wenn er sich aufspielt. Anstatt sich zu sehr auf sein unerwünschtes Verhalten zu konzentrieren, sollten Sie ihm Raum geben, seine Gefühle zu verbalisieren. Indem Sie seine Gefühle anerkennen und auf ihn eingehen, können Sie die Harmonie in seinem Geist und Körper wiederherstellen.

Die meisten Teenager werden ihre Gefühle erst dann offen zeigen, wenn sie sich sicher und respektiert fühlen. Ihre Aufgabe ist es, Ihr Kind nicht zu zwingen, seine Bedürfnisse mitzuteilen, sondern dafür zu sorgen, dass sich Ihre Beziehung zu ihm sicher anfühlt. Das bedeutet, dass Sie sich darin üben, zuzuhören, ohne Ihre eigenen Gefühle zu zeigen oder zu versuchen, die Situation zu verbessern. Geben Sie Ihrem Kind die Möglichkeit, seine Gedanken zu ordnen und sich mit seinen eigenen Worten und Ideen auszudrücken.

Ein weiterer nützlicher Tipp ist, eher Fragen zu stellen, als Ratschläge zu erteilen. Anstatt beispielsweise zu sagen: "Du musst dich in der Schule mehr konzentrieren", können Sie fragen: "Was denkst du, kann dir helfen, dich in der Schule zu konzentrieren?" Ziel ist es, dem Kind Raum zu geben, seine Erfahrungen mitzuteilen und seine Gedanken zu sortieren, ohne ihm Ihre eigenen Ansichten aufzuzwingen.

Lassen Sie Ihr Kind schließlich wissen, dass Sie nicht von ihm verlangen, ein "guter Junge" zu sein und alles unter Kontrolle zu haben. Niemand ist perfekt, und es sollte sich nicht unter Druck gesetzt fühlen, ein perfektes Bild abzugeben. Sagen Sie ihm, dass Sie immer ein offenes Ohr haben, wenn es ihm schlecht geht, und dass Sie es nicht dafür verurteilen werden, dass es nicht in Bestform ist.

Zusammenfassung-Kapitel Takeaways

- Jungen mit ADHS haben Schwierigkeiten bei der Verarbeitung von Emotionen, was manchmal zu einer Überschwemmung mit intensiven Gefühlen und explosiven Ausbrüchen führen kann.

- Wenn Ihr Sohn zwischen 3 und 8 Jahre alt ist, setzt er sich immer noch mit der Vorstellung auseinander, Gefühle zu haben und wie er am besten damit umgehen kann. Bringen Sie ihm bei, seine Gefühle zu beschreiben, sich von den intensiven Emotionen abzulenken und Selbstberuhigungstechniken anzuwenden.

- Wenn sie älter werden und die Vor-Teenager-Phase erreichen, sind sie sich ihrer Gefühle bewusster, verfügen aber noch nicht über die Fähigkeiten, ihre Handlungen zu reflektieren, ihr Verhalten zu korrigieren und Selbstkontrolle zu üben. Ihre Aufgabe wird es sein, ihnen diese lebenswichtigen Fähigkeiten beizubringen, die sich später im Leben als nützlich erweisen werden.

- Die Teenagerzeit ist eine Zeit, in der sich Ihr Junge auf das Leben als Erwachsener vorbereitet. Was Sie ihm in dieser Phase über Selbstregulierung beibringen, wird Einfluss darauf haben, wie er Herausforderungen im Erwachsenenalter begegnet und bewältigt. Da Jungen im Teenageralter unabhängiger sind, lassen sie sich vielleicht nicht von Ihren Worten beeinflussen, aber die Verhaltensweisen, die Sie ihnen vorleben, haben einen großen Einfluss.

- Anstatt Ihren Teenager-Sohn zu "belehren", wie er sich selbst regulieren soll, können Sie ihm Feedback geben, was er richtig oder falsch macht, und ihm erlauben, sein Verhalten kreativ zu ändern und seine Probleme zu lösen. Zeigen Sie ihm, dass Sie volles Vertrauen in seine Fähigkeit haben, die richtigen Entscheidungen zu treffen und ein verantwortungsvoller junger Mann zu sein.

Kapitel 4

Strategien zur Selbstberuhigung, die Ihrem Sohn helfen, Stress zu bewältigen und Selbstkontrolle zu üben

Inmitten von Bewegung und Chaos, bewahre die Stille in dir.
—Deepak Chopra

Was ist Selbstberuhigung?

Selbstberuhigung ist ein relativ neuer Begriff, der sich auf Übungen zur Stressbewältigung bezieht, die eine Person durchführt, um sich besser zu fühlen. Was einem Kind hilft, sich ruhig zu fühlen, muss nicht unbedingt bei einem anderen Kind funktionieren. Deshalb werden die Kinder ermutigt, die für sie am besten geeigneten Bewältigungsstrategien zu finden.

Auch wenn der Begriff relativ neu ist, ist die Praxis der Selbstberuhigung nicht neu. Schon als Fötus im Mutterleib lernt Ihr Kind, sich auf verschiedene Weise selbst zu beruhigen, wenn es sich unwohl fühlt. So haben Untersuchungen gezeigt, dass ein Fötus die Hand-zu-Gesicht-Position einnimmt, bei der er seine Hände zum Gesicht und um den Mund führt, um sich zu beruhigen. Bei einigen Föten wurde auch beobachtet, dass sie an ihren Daumen lutschen; dieser Reflex entwickelt sich jedoch besser nach der Geburt (Little Steps, 2020).

Andere häufige Selbstberuhigungspraktiken bei Kleinkindern und Vorschulkindern sind das Klopfen mit den Füßen, Schaukeln, Summen und Nägelkauen. Leider werden diese Gewohnheiten oft als Zeichen schlechten Benehmens angesehen und entmutigt. In Ermangelung anderer alternativer Strategien haben die Kinder keine wirkliche Möglichkeit, sich zu beruhigen.

Jungen mit ADHS, die dazu neigen, sich gestresst und ängstlich zu fühlen, können von der Selbstberuhigung profitieren. Positive Bewältigungsstrategien können ihnen helfen, mit starken Impulsen umzugehen und ihre Toleranz gegenüber Stress und Frustration zu erhöhen. Durch Selbstberuhigungsübungen kann Ihr Kind auch lernen, mit seinen Gefühlen umzugehen, ohne sie zu unterdrücken. In Momenten der Verzweiflung können sie beispielsweise offen bleiben und ihre Gefühle verarbeiten, indem sie positive Bewältigungsstrategien anwenden.

Ihr Kind hat die Möglichkeit zu lernen, wie es schwierige Situationen erfolgreich meistern kann, ohne die Kontrolle zu verlieren, was langfristig sein Selbstvertrauen stärken kann. Mit den folgenden drei Selbstberuhigungsstrategien lernt Ihr Kind, positiv mit Stress umzugehen.

Achten Sie darauf, dass Ihr Kind diese Strategien nicht im Übermaß anwendet, so dass es unangenehme Situationen nicht mehr bewältigen kann. Wenn Sie beispielsweise feststellen, dass Ihr Kind die Angewohnheit hat, stundenlang allein zu sein, auch wenn es nicht gestresst ist, kann es sich schließlich von anderen isolieren. Selbstberuhigungsstrategien sind als vorübergehende Hilfsmittel gedacht, die dem Kind Zeit zum Durchatmen und zur Beruhigung geben, bevor es sich mit schwierigen Situationen und negativen Gefühlen auseinandersetzt.

Einen sicheren Ort schaffen

Ein sicherer Ort ist ein abgelegener Bereich in Ihrer Wohnung, in den sich Ihr Kind zurückziehen kann, wenn es sich überfordert fühlt. Er wird Ihrem Kind als Alternative zum Ausrasten, Schlagen oder Werfen oder zur Überreizung präsentiert. Wann immer Sie eine Veränderung in seinem Verhalten feststellen, können Sie ihm vorschlagen, sich an seinem sicheren Ort abzukühlen. Damit dieser Bereich ein Ort ist, an den sich Ihr Kind gerne zurückzieht, muss er natürlich seinem Namen gerecht werden und sowohl körperliche als auch emotionale Sicherheit bieten.

Die Schaffung eines sicheren Ortes ist eine gemeinsame Aufgabe. Als Elternteil entscheiden Sie, welchen Raum oder Bereich im Haus Ihr Kind nutzen kann. Achten Sie darauf, dass es sich um ein Zimmer oder einen Bereich handelt, in dem nicht viel los ist, damit Ihr Kind nicht gestört wird, wenn es sich eine Auszeit nimmt. Wenn es um die Einrichtung des Raums geht, überlassen Sie ihm den Großteil der Entscheidungen. Im Idealfall soll der Raum seine Persönlichkeit, seine Interessen und seine Vorstellung von "Sicherheit" widerspiegeln. Natürlich können Sie ein paar Dinge anbieten, um den Raum gemütlich zu gestalten, z. B. Kissen und Decken. Sie können auch vorschlagen, weiche Kuscheltiere, ein Notizbuch und einen Stift, einen Musikplayer und positive Fotos wie ein Bild des Lieblingstiers oder ein Poster mit Affirmationen hinzuzufügen.

Gehen Sie langsam vor, wenn Sie Ihr Kind an das Konzept heranführen. Es soll auf keinen Fall denken, dass Sie es in eine Auszeit schicken. Besprechen Sie, was ein sicherer Ort ist, wofür er gedacht ist und in welchen Situationen er von Nutzen sein könnte. Begeistern Sie Ihr Kind für die Möglichkeit, seinen sicheren Ort nach seinen eigenen Interessen einzurichten. Sie können sogar schon eine Woche vorher mit einem Countdown für die Einweihung des sicheren Ortes beginnen (je mehr Aufregung Sie um dieses Konzept aufbauen, desto weniger Widerstand wird Ihr Kind leisten).

Positive Selbstgespräche lehren

Wie Ihr Kind mit sich selbst spricht, kann sich darauf auswirken, wie es sich selbst und die stressige Situation sieht. Wenn es einschränkende Überzeugungen wie "Ich kann das nicht" oder "Ich bin ein Versager" einstudiert, ist es weniger wahrscheinlich, dass es in schwierigen Zeiten widerstandsfähig bleibt. Bei positiven Selbstgesprächen geht es nicht darum, zu sagen, was man sich wünscht, sondern darum, positive, aber sachliche Aussagen über sich selbst zu machen. In schwierigen Zeiten sollten Sie sich eher an Ihre persönlichen Stärken als an Ihre Schwächen erinnern.

Wenn Sie Ihrem Kind positive Selbstgespräche beibringen wollen, müssen Sie zunächst herausfinden, wie es sich selbst und die Welt einschätzt. Sie sollten in lockeren Gesprächen herausfinden, was Ihr Sohn über bestimmte Menschen, Themen und Erfahrungen denkt. Auf der Fahrt zur Schule können Sie Ihr Kind zum Beispiel fragen, was es von der Schule, den Lehrern, den Mitschülern oder den schulischen Leistungen hält.

Mit diesen Fragen wollen Sie herausfinden, ob die Einschätzungen realistisch sind (ausgewogenes Verhältnis von gut und schlecht), übertrieben (extrem gut oder schlecht) oder verharmlosend (gleichgültig oder distanziert). Im Folgenden finden Sie ein Beispiel dafür, wie sich jede Perspektive anhören würde:

- Realistisch: "Mir macht die Schule Spaß, weil ich meine Freunde sehen kann, aber Mathe mag ich nicht."

- Übertrieben: "Ich hasse die Schule. Ich kann es nicht erwarten, bis ich gehen kann!"

- Abgeschwächt: "Hmm ... ich weiß nicht. Ich denke, es ist in Ordnung."

Übertriebene Sichtweisen sind ungesund, denn das Leben ist nicht schwarz oder weiß. Wenn sich Ihr Kind außerdem angewöhnt, ständig negativ zu denken, kann es sich selbst davon abhalten, Ziele zu verfolgen und eine bessere Version seiner selbst zu werden. Heruntergespielte Perspektiven sind auch nicht gesund. In den meisten Fällen verbergen sie die wahren Gefühle Ihres Kindes, was es ihm erschwert, echte Probleme anzusprechen.

Sobald Sie die Selbst- und Fremdeinschätzung Ihres Kindes beurteilt haben, können Sie ihm die Idee des positiven Selbstgesprächs nahe bringen. Vielleicht hat Ihr Kind schon einmal davon gehört, aber vielleicht wurde es nicht als Selbstberuhigungsstrategie vorgestellt. Sie können je nach Alter Ihres Kindes entscheiden, wie Sie das positive Selbstgespräch beschreiben möchten. Einem jüngeren Jungen könnten Sie erklären, dass er mit lauter Stimme zu sich selbst spricht, und einem Teenager, dass er sich selbst aufmuntert. Ermutigen Sie Ihr Kind, Fragen dazu zu stellen, wann und wie es Selbstgespräche führen soll. Wenn möglich, halten Sie einige Antworten bereit, z. B:

Frage: Wie oft praktizierst du positive Selbstgespräche?

Antwort: Immer, wenn ich mich schlecht fühle oder bemerke, dass sich meine Stimmung ändert.

Frage: Was sind die Schritte, um positive Selbstgespräche zu führen?

Antwort: Es gibt verschiedene Möglichkeiten, z. B. mit einem Spiegel zu sprechen, positive Affirmationen zu rezitieren oder mit sich selbst zu sprechen, wie du es mit deinem Lieblingstier tun würdest. Wähle die Methoden, die sich für dich am natürlichsten anfühlt.

Frage: Warum ist es wichtig, positive Selbstgespräche zu führen?

Antwort: Positive Selbstgespräche erinnern Sie an Ihre Stärken, Errungenschaften und Fortschritte, so dass Sie sich gut fühlen können.

Dann können Sie Ihrem Kind eine wichtige Technik der positiven Selbstgespräche beibringen: die Umdeutung negativer Gedanken und die Bildung positiver Sätze. Negative Gedanken erinnern Ihr Kind an das, was es nicht kann, anstatt an das, was es tun kann. Oder sie führen dazu, dass Ihr Kind sich schlecht fühlt, weil es Stärken oder Eigenschaften hat, die es nicht hat, statt derer, die es hat. Hier sind ein paar Schlüsselwörter, die Ihrem Kind helfen können, negative Gedanken zu erkennen:

Schlüsselwort	Erklärung
Kann nicht	Ich kann mich nicht konzentrieren.
Nicht haben	Ich habe nicht so viele Freunde wie meine anderen Klassenkameraden.
Nicht wollen	Ich werde im Leben nicht erfolgreich sein.
Sollte nicht	Ich sollte nicht so aufgedreht sein.
Immer	Ich werde immer übergangen.
Niemals	Ich komme nie dazu, mit meinen Freunden auszugehen.

Wenn Sie negative Gedanken erkannt haben, ist es einfacher, sie umzuformulieren und positive Sätze zu bilden. Das geht ganz einfach, indem Sie die oben genannten Schlüsselwörter positiv formulieren (z. B. von "kann nicht" zu "kann"), oder Sie können Ihr Kind ermutigen, sich vorzustellen, dass es seinem besten Freund antwortet und ihm eine positive Zusicherung gibt. Hier sind ein paar Beispiele:

Negative Aussage	Positive Aussage
Ich kann mich nicht konzentrieren.	Ich bin müde und brauche eine kurze Pause, um mir die Beine zu vertreten.
Ich habe nicht so viele Freunde wie meine anderen Klassenkameraden.	Ich habe ein paar Freunde, die mich so lieben und akzeptieren, wie ich bin.
Ich werde im Leben nicht erfolgreich sein.	Mein Lebensweg mag anders aussehen als der anderer Menschen, aber er wird großartig sein!
Ich sollte nicht so aufgedreht sein.	Ich muss eine positive Tätigkeit finden, um diese reichlich vorhandene Energie freizusetzen.
Ich werde immer übergangen.	Ich werde zu Veranstaltungen eingeladen, von denen andere glauben, dass sie mir gefallen könnten.
Ich komme nie dazu, mit meinen Freunden auszugehen.	Ich gehe mit meinen Freunden aus, wann immer ich kann.

Achtsamkeit üben

Achtsamkeit ist ein östliches Konzept, das auf Tausende von Jahrhunderten zurückgeht. Es bezieht sich auf den Zustand, präsent zu sein und die Aufmerksamkeit auf das zu richten, was gerade geschieht. Die Kultivierung von Achtsamkeit kann Stress und Ängste abbauen, weil sie den Kreislauf des Überdenkens und des Nachdenkens über das, "was passiert ist" oder "was passieren wird", beendet.

Aufgrund seiner hyperaktiven und impulsiven Natur fällt es Ihrem Kind vielleicht schwer, still zu sitzen und auf das zu achten, was gerade passiert. Wenn Sie Ihrem Kind beibringen, wie man Achtsamkeit praktiziert, können Sie lustige und fesselnde Spiele verwenden, da es sonst die Erfahrung, präsent zu sein, als langweilig empfinden könnte. Zu den Verbesserungen, die Sie nach regelmäßigem Üben von Achtsamkeit feststellen werden, gehören anhaltende Konzentration, verbesserte emotionale Regulierung und ausgeglichenere Stimmungen.

Hier sind vier lustige Achtsamkeitsübungen, die Sie mit Ihrem Kind ausprobieren können:

1. Achtsame Posen

Um Ihrem Kind zu helfen, seine Präsenz zu kultivieren, können Sie ihm durch verschiedene Dehnungen helfen, sich besser auf seinen Körper einzustellen. Nehmen Sie Ihre Yogamatten oder Strandtücher mit nach draußen und legen Sie sie auf den Rasen. Führen Sie Ihr Kind durch verschiedene Dehnungen, wie z. B. mit den Armen zum Himmel zu strecken oder sich zu bücken und die Zehen zu berühren. Halten Sie jede Dehnung fünf Sekunden lang und kehren Sie dann langsam in die normale Position zurück.

Nutzen Sie die Gelegenheit, um zwischen den einzelnen Stellungen tiefe Atemübungen zu machen.

2. Aktivierung der Sinne

Machen Sie mit Ihrem Kind einen entspannenden Spaziergang und fordern Sie es auf, sich auf verschiedene Sinne einzustellen, einen nach dem anderen. Sie können es zum Beispiel zunächst bitten, fünf Dinge zu suchen, die es mit den Augen sehen kann, und es dann bitten, vier Dinge zu nennen, die es mit den Ohren hören kann. Ermutigen Sie die Kinder, sich bei der Identifizierung von Objekten Zeit zu lassen. Ziel ist es, die Dinge zu verlangsamen, indem Sie ihnen erlauben, sich auf bestimmte Informationen zu konzentrieren. Wenn Sie feststellen, dass sie die Antworten überstürzen, gehen Sie absichtlich langsamer, sprechen Sie langsamer und reagieren Sie langsamer.

3. Gefäß der Dankbarkeit

Dankbarkeit zu üben ist eine weitere Möglichkeit, Präsenz zu kultivieren. Sie können Ihr Leben in eine andere Perspektive rücken und lernen, zu schätzen, was Sie haben. Unterstreichen Sie die Bedeutung der Dankbarkeit, indem Sie Ihrem Kind helfen, ein Dankbarkeitsglas zu basteln. Bringen Sie ein altes Einmachglas und verschiedene Bastelmaterialien mit. Verbringen Sie den Nachmittag damit, Ihrem Kind zu helfen, sein Dankbarkeitsglas mit verschiedenen Materialien zu dekorieren. Lassen Sie Ihr Kind kleine Haftnotizen und Stifte aufschreiben, wofür es dankbar ist, und diese dann zusammenfalten und in das Gefäß legen. Ermutigen Sie Ihr Kind, das Gefäß immer dann herauszuholen, wenn es sich überfordert fühlt und eine kleine Aufmunterung braucht.

4. Rasender Herzschlag

Die Regulierung Ihres Herzschlags kann Ihnen helfen, sich nach einem stressigen Ereignis zu beruhigen. Die Verlangsamung der Atmung kann Ihnen dabei helfen, aber auch das achtsame Hinhören auf jedes Klopfen und das Folgen des Rhythmus Ihres Herzschlags. Glücklicherweise ist diese Übung sehr einfach und kann Kindern leicht beigebracht werden.

Beginnen Sie, indem Sie Ihr Kind einmal um den Garten laufen oder 10 Hampelmänner machen lassen. Ziel ist es, den Herzschlag zu erhöhen, so dass es diesen beobachten kann, wenn er sich wieder verlangsamt. Wenn das Kind die kurze Ausdauerübung absolviert hat, setzen Sie sich gemeinsam hin und bitten Sie es, die Augen zu schließen und eine Hand auf sein Herz (Brustbereich) zu legen. Stellen Sie ihnen Fragen zu ihrem Herzschlag, z. B. ob er langsam oder schnell, sanft oder intensiv ist und welches Geräusch er macht. Fragen Sie nach ein paar Minuten, ob sich sein Herzschlag verändert hat, und wenn ja, wie? Ist er langsamer oder schneller, sanfter oder intensiver?

Beenden Sie die Übung, indem Sie erklären, dass sich der Herzschlag einer Person, wenn sie wütend ist, natürlich beschleunigt und intensiv anfühlt oder ein lautes Geräusch macht. Je entspannter man sich jedoch fühlt, desto langsamer und sanfter wird der Herzschlag. Ein Trick, um sich besser zu fühlen, wenn man wütend ist, besteht also darin, einen ruhigen Ort aufzusuchen und auf den Herzschlag zu hören, bis er langsamer und leiser wird.

Zusammenfssung – Kapitel Takeaways

- Wenn Sie Ihrem Kind Stressbewältigungs- und Selbstberuhigungsstrategien beibringen, kann es besser mit Auslösern umgehen. Wenn es zum Beispiel überfordert ist, hat es die Wahl, wie es sich verhalten soll: Entweder es schreit und wirft mit seinem Spielzeug oder es zieht sich an seinen sicheren Ort zurück.

- Kein Kind reagiert gleich auf Selbstberuhigungsstrategien; probieren Sie daher einige aus und helfen Sie Ihrem Kind, die am besten geeignete zu finden, die seinen Bedürfnissen und Vorlieben entspricht.

- Bevor Sie eine Selbstberuhigungsstrategie vorschlagen, sollten Sie zunächst mit Ihrem Kind darüber sprechen. Informieren Sie es über die jeweilige Übung und wie sie ihm helfen kann, sich zu beruhigen, wenn es sich aufregt. Möglicherweise müssen Sie sogar demonstrieren, wie die Übung durchgeführt wird, damit Ihr Kind sie selbständig ausführen kann.

- Selbstberuhigungsstrategien sollen positiv und stressfrei sein, also zwingen Sie Ihr Kind nicht dazu, sie anzuwenden, wenn es nicht in der Stimmung ist. Es reicht, wenn Sie ihm die Möglichkeit bieten und es entscheiden lassen, ob es sie anwenden will oder nicht.

Das letzte Kapitel enthält verschiedene Übungen, die Ihrem Kind helfen, die Selbstkontrolle zu verbessern.

Kapitel 5

Hyperaktivität mit vorhersehbaren Routinen und gesunden Gewohnheiten bewältigen

Säe einen Gedanken, und du erntest eine Tat; säe eine Tat, und du erntest eine Gewohnheit; säe eine Gewohnheit, und du erntest einen Charakter; säe einen Charakter, und du erntest ein Schicksal.
–Samuel Smiles

Ein vorhersehbares Leben ist ein friedliches Leben

Kindern mit ADHS (sowohl Jungen als auch Mädchen) ist das Bedürfnis nach Vorhersehbarkeit gemein. Sie sehnen sich nach einer beständigen wöchentlichen Routine, die nur sehr wenige (wenn überhaupt) Abweichungen aufweist. Wenn sie zum Beispiel daran gewöhnt sind, nach der Schule 30 Minuten lang zu spielen, erwarten sie das jeden Tag. Wenn Sie diese Aktivität durch etwas anderes ersetzen, z. B. durch einen schnellen Gang zum Supermarkt oder die Aufforderung, die Hausaufgaben zu erledigen, werden sie sich wehren.

Vorhersehbarkeit bedeutet für ein sensibles und hyperaktives Kind Sicherheit. Sie ist ein Mittel, um ihre enorme Energie auszugleichen und ihnen zu helfen, auf dem Boden zu bleiben. Wenn Ihr Sohn Schwierigkeiten hat, seine Emotionen und sein Verhalten zu regulieren, kann ihm eine berechenbare Umgebung helfen, Stress abzubauen und den Kopf frei zu bekommen.

Eine Möglichkeit, Vorhersehbarkeit zu schaffen, besteht darin, eine Routine zu schaffen. Regelmäßig dieselbe Abfolge von Aufgaben zu befolgen, kann Ihrem Kind helfen, organisiert zu bleiben und sein Zeitmanagement zu verbessern. Eine Routine ist auch ein wirksames Mittel, um Ihrem Kind Selbstbeherrschung beizubringen. Wann immer es sich überfordert fühlt, kann es sich auf Aufgaben konzentrieren, die es selbst kontrollieren kann.

Sie werden auch feststellen, dass es weniger Machtkämpfe gibt, wenn Ihr Kind eine vorhersehbare Routine hat. Es gibt bestimmte Aufgaben, die täglich erledigt werden müssen, z. B. Zähne putzen, Hausaufgaben machen und die zugewiesene Hausarbeit erledigen. Außerdem kann der Anblick der anderen Familienmitglieder, die ihren eigenen Routinen folgen (z. B. die

Mutter, die das Frühstück zubereitet, und der Vater, der die Schule abholt), ein ausreichender Anreiz sein, um das Kind an seine eigene Routine zu binden.

Je älter Ihr Kind wird, desto wichtiger werden Routinen. Jungen im Teenageralter zum Beispiel profitieren von einer Routine, weil sie ihnen helfen kann, mehrere Aufgaben zu bewältigen und gesunde Gewohnheiten zu entwickeln. Mit der richtigen Routine kann Ihr Sohn im Teenageralter einen gesunden Lebensstil entwickeln und führen, ohne dass Sie ihm dabei helfen müssen.

Entwicklung von Routinen

Eine tägliche Routine zu erstellen, klingt einfach genug. Alles, was Sie brauchen, ist ein Kalender und schon kann es losgehen. Viele Eltern stehen jedoch vor dem Problem, die richtige Routine für ihre Kinder zu finden - eine Routine, die ihnen tatsächlich Spaß macht und mit der sie sich wohl fühlen, wenn sie sie regelmäßig ausüben.

Ihr Kind ist einzigartig und hat ganz bestimmte Bedürfnisse und Vorlieben, die bei vielen "einfachen" Routinen nicht berücksichtigt werden können. Anstatt ihm eine starre Struktur aufzuzwingen, sollten Sie die Vorlieben und Abneigungen Ihres Kindes berücksichtigen, die Tageszeiten, zu denen es besonders energiegeladen ist, die Zeit, die es nach der Schule am liebsten verbringt, und die besten Zeiten, um Aufgaben zu erledigen, die Konzentration erfordern. Ich kann Ihnen versichern, dass die Routine, die Sie nach diesen Überlegungen aufstellen, nicht generisch aussehen wird.

Im Folgenden finden Sie drei Schritte, die Ihnen helfen können, einen individuellen Tagesablauf für Ihr Kind zu erstellen:

Entscheiden Sie, warum Sie überhaupt eine Routine erstellen

Bevor Sie damit beginnen, Aufgaben in die Routine Ihres Kindes aufzunehmen, nehmen Sie sich einen Moment Zeit und überlegen Sie, was Sie erreichen möchten. Warum ist es für Ihr Kind wichtig, eine Routine zu entwickeln oder seine derzeitige Routine zu aktualisieren? Was sind Ihre Absichten? Was möchten Sie dieses Mal anders machen? Es lohnt sich auch, darüber nachzudenken, wie sich Ihr Kind fühlen soll, wenn es seine Routine ausführt. Möchten Sie ihm mehr Ruhe und Stabilität im Tagesablauf geben? Oder wollen Sie sein Selbstvertrauen stärken und es herausfordern, Risiken einzugehen?

Schreiben Sie unten auf, warum Sie eine Routine erstellen:

Entscheiden Sie sich für die Art der Routine

Der nächste Schritt ist die Entscheidung über die Art der Routine, die Sie einführen wollen. Hier haben Sie mehrere Möglichkeiten. Sie können sich zum Beispiel für eine tägliche Routine entscheiden, die den Morgen, den Nachmittag und den Abend abdeckt, oder Sie können sich für eine Routine entscheiden, die Ihr Kind durch eine bestimmte Zeit des Tages führt.

Wenn Sie das Konzept der Routine zum ersten Mal einführen, beginnen Sie mit einer Routine, die sich auf eine bestimmte Tageszeit konzentriert (z. B. die Morgenroutine). Sobald Ihr Kind diese Routine erlernt hat, können Sie eine Routine für die Schlafenszeit einführen, bis es schließlich eine tägliche Routine entwickelt hat.

Planen Sie Ihre Routine

Nachdem Sie nun die ideale Art von Routine ausgewählt haben, ist es an der Zeit, sich verschiedene Aufgaben, Gewohnheiten oder Rituale auszudenken, die Sie einbauen möchten. Denken Sie daran, dass diese Aufgaben, Gewohnheiten oder Rituale fortlaufend durchgeführt werden, also achten Sie darauf, dass sie einfach und praktisch sind. Es lohnt sich auch, darüber nachzudenken, was bei Ihrem Kind derzeit funktioniert oder nicht funktioniert. Welche Aktivitäten macht es zum Beispiel gerne oder beschwert es sich darüber?

Denken Sie daran, dass Sie diese Routine zwar aufbauen, Ihr Kind sie aber vorantreiben wird. Wenn Ihr Kind alt genug ist, können Sie es bitten, Ihnen bei der Auswahl der Aktivitäten zu helfen, die Sie einbeziehen möchten. Wenn Ihr Kind von Anfang an mitmacht, wird der Widerstand geringer, wenn Sie die Routine schließlich einführen.

Nachdem Sie die Routine aufgezeichnet haben, finden Sie verschiedene Möglichkeiten, sie visuell darzustellen. Für jüngere Kinder können Sie ein Poster mit Bildern ausdrucken, auf denen die verschiedenen Aktivitäten dargestellt sind, oder ein Video erstellen, das zeigt, wie die einzelnen Aktivitäten ausgeführt werden. Ältere Kinder fühlen sich vielleicht wohler, wenn sie von einem farblich gekennzeichneten Kalender ablesen oder eine Aufgabenliste haben, die sie jeden Tag abhaken können. Bringen Sie den Zeitplan an mehreren Stellen in der Wohnung an, damit Ihr Kind täglich an seine Erwartungen erinnert wird.

Rechnen Sie in den ersten Wochen nach Einführung der Routine mit ein paar „Schluckaufs". Ihr Kind ist noch dabei, sich mit der neuen Struktur vertraut zu machen, und es kann sein, dass es das Timing nicht immer richtig hinbekommt. Ältere Kinder weigern sich vielleicht sogar, bestimmte Aufgaben zu erledigen. Machen Sie Ihrem Kind klar, dass alle

Aufgaben obligatorisch sind, dass es aber gerne die Reihenfolge der Aufgaben ändern oder die zugewiesenen Zeiträume an seine Bedürfnisse anpassen kann.

Der Tagesablauf kann mehrmals angepasst werden, doch erfordert dies eine gemeinsame Anstrengung und eine effektive Verhandlung von Ihnen beiden. Die Weigerung, die täglichen Aufgaben zu erledigen, wird Konsequenzen nach sich ziehen.

Umgang mit der Angst Ihres Kindes vor Veränderungen

Die Abneigung gegen Veränderungen macht das Ausprobieren neuer Routinen für Kinder mit ADHS schwierig. Sie verstehen vielleicht, warum die Routine vorteilhaft ist, aber sie fühlen sich schlecht vorbereitet auf die Art und Weise, wie sich ihr Gefühl von "Normalität" verändern wird.

Sich auf Veränderungen einzulassen, erfordert viel geistige und körperliche Energie. Ihr Kind hat die enorme Aufgabe, neue Verhaltensweisen zu erlernen, auswendig zu lernen und sie täglich auszuführen. Wenn es vorher weniger Erwartungen hatte, die es erfüllen musste, kann die neue Routine für es überwältigend sein.

So kann sich ein Kind beispielsweise weigern, nach der Schule an zusätzlichen naturwissenschaftlichen Stunden teilzunehmen, weil dies vorher nicht von ihm erwartet wurde. Außerdem ist es kein großer Ansporn, mehr Zeit und Energie auf ein Fach zu verwenden, das es vielleicht nicht mag (oder in dem es nicht gut ist). Deshalb wird es sich jedes Mal wehren, wenn es gezwungen wird, an einem zusätzlichen naturwissenschaftlichen Unterricht teilzunehmen, auch wenn es den Nutzen dieses Unterrichts versteht.

Dies kann für Sie als Elternteil zu großer Verwirrung und Frustration führen. So sehr Sie Ihr Kind auch auf jede erdenkliche Weise unterstützen möchten, stoßen die positiven Veränderungen, die Sie umzusetzen versuchen, immer wieder auf Widerstand. Die Lösung besteht nicht darin, die neue Routine aufzugeben, sondern stattdessen Ihrem Kind zu helfen, seine Widerstandsfähigkeit zu entwickeln. Zeigen Sie ihm durch Ihre Ausdauer und Ihren Enthusiasmus, dass Veränderungen das Beste sind, was ihm im Leben passieren kann, denn sie führen zu Wachstum und größerem Selbstvertrauen.

Im Folgenden finden Sie einige Tipps, die Sie anwenden können, wenn Sie sich auf Veränderungen vorbereiten oder Ihrem Kind helfen, sich an neue Routinen zu gewöhnen:

1. Geben Sie Ihrem Kind eine Vorwarnung

Kinder mit ADHS mögen keine Überraschungen, denn sie brauchen Vorhersehbarkeit. Jede überraschende Änderung der Routine Ihres Kindes kann sich wie ein Überfall anfühlen. Nehmen Sie sich die Zeit, über die bevorstehenden Veränderungen zu sprechen und darüber, wie sie sich auf Ihr Kind auswirken könnten. Versuchen Sie, ein Bild vom Leben nach der Einführung der Änderungen zu zeichnen, und versichern Sie Ihrem Kind, dass diese Änderungen nur zu seinem Besten sind.

2. Nehmen Sie Rücksicht auf die Sorgen des Kindes

Es ist normal, dass Ihr Kind Zweifel an den bevorstehenden Veränderungen hat. Wie jeder andere auch, mag Ihr Kind die Vorstellung nicht, seine Komfortzone zu verlassen und sich auf das Unbekannte einzulassen. Wenn Ihr Kind Bedenken äußert, nehmen Sie sich die Zeit, ihm zuzuhören und zu bestätigen, was es sagt. Versuchen Sie nicht, ihm seine Bedenken auszureden oder sie herunterzuspielen. Akzeptieren Sie, dass es schwierig sein wird, die neuen Veränderungen zu akzeptieren, und dass es eine Weile dauern kann, bis sie sich daran gewöhnen.

3. Vermeiden Sie mehrfache Änderungen

Konzentrieren Sie sich bei der Einführung von Änderungen jeweils auf eine Sache. Wenn Sie z. B. die morgendliche Routine Ihres Kindes ändern wollen, ändern Sie eine Aufgabe (z. B. 30 Minuten früher aufstehen) und lassen den Rest unverändert. Sobald sich Ihr Kind an die neuen Erwartungen gewöhnt hat, suchen Sie nach einer anderen Aufgabe, die Sie ändern können.

4. Geben Sie Ihrem Kind Optionen (wenn möglich)

Eine weitere gute Möglichkeit, Widerstand zu vermeiden, besteht darin, Ihr Kind in die Planungsphase einzubeziehen. Sagen Sie ihm, dass Sie dabei sind, seinen Tagesablauf zu aktualisieren, und dass Sie Hilfe bei der Entscheidung brauchen, welche Aufgaben aufgenommen werden sollen. Lassen Sie es kleine Entscheidungen treffen, z. B. ob es vor oder nach den Hausaufgaben spielen soll oder für welche Hausarbeit es zuständig sein möchte. Vermeiden Sie es, ihnen zu viele Möglichkeiten zu geben (zwei bis drei Optionen sind ausreichend), da sie sonst möglicherweise nicht in der Lage sind, eine Entscheidung zu treffen.

5. Erinnern Sie ihr Kind daran, wie gut es mit anderen Veränderungen zurechtgekommen ist

Wenn Sie Ihr Kind zu neuen Veränderungen motivieren wollen, erinnern Sie es an einige der Veränderungen, die es in der Vergangenheit erfolgreich gemeistert hat. Beschreiben Sie ein paar Erinnerungen, die Mut, Zuversicht und Widerstandsfähigkeit zeigen. Versichern Sie Ihrem Kind, dass die bevorstehenden Veränderungen zwar eine Herausforderung darstellen, es aber über die notwendigen Fähigkeiten verfügt, um sie zu bewältigen.

Positive Veränderung von Gewohnheiten mit Hilfe der Gewohnheitsschleife

Die Idee, eine Routine zu schaffen, besteht darin, Ihrem Kind allmählich gesunde Gewohnheiten beizubringen, die das Potenzial haben, ADHS-Symptome zu bewältigen und positive Bewältigungsstrategien zu verstärken. Jedes Verhalten, das konsequent praktiziert wird, kann zur Gewohnheit werden. Dies ist sowohl beängstigend als auch aufregend, je nachdem, welche Verhaltensweisen Ihr Kind regelmäßig praktiziert.

Wenn Sie den Tagesablauf Ihres Kindes beobachten, werden Sie feststellen, dass es bereits Gewohnheiten entwickelt hat. Es kann zum Beispiel die Angewohnheit haben, morgens das gleiche Müsli zu essen, die gleichen Bemerkungen über die Schule zu machen, jedes Mal zu weinen, wenn Sie zum Arzt gehen, oder ein Nickerchen zu machen, wenn es von der Schule nach Hause kommt. Man kann ihre Gewohnheiten als "gut" oder "schlecht", "produktiv" oder "unproduktiv" einstufen, aber letztendlich beruhen sie alle auf derselben Struktur, die als Gewohnheitsschleife bekannt ist.

Das Konzept der Gewohnheitsschleife wurde von Charles Duhigg in seinem Buch *Die Macht der Gewohnheit* populär gemacht. Es besteht aus drei Phasen, die ein Verhalten durchläuft, bevor es zu einer Gewohnheit wird. Diese Phasen umfassen:

- **Stichwort:** Der Umweltauslöser, der das Gehirn dazu veranlasst, ein bestimmtes Verhalten an den Tag zu legen.

- **Routine:** Das eigentliche Verhalten, das jedes Mal auf die gleiche Weise ausgeführt wird.

- **Belohnung:** Das angenehme Gefühl oder die Bestätigung, die man nach der Ausführung des Verhaltens erhält (die Belohnung ist das, was bestimmte Verhaltensweisen verstärkt).

Wie funktioniert also die Gewohnheitsschleife? Nehmen wir die Gewohnheit Ihres Kindes, das jedes Mal einen Wutanfall bekommt, wenn es Sie in den Supermarkt begleitet. Das Stichwort ist das Betreten des Supermarktes. Die Routine besteht darin, dass es nach Süßigkeiten fragt und die Beherrschung verliert, wenn die Antwort Nein lautet. Die Belohnung besteht darin, dass es Ihre Aufmerksamkeit erhält und Sie dazu bringt, Ihre Meinung zu ändern (was letztendlich dazu führt, dass es die gewünschten Süßigkeiten bekommt).

Die Gewohnheitsschleife verstärkt nicht nur negative Verhaltensweisen, sie kann Ihrem Kind auch positive Verhaltensweisen beibringen. Sie können die Gewohnheitsschleife beispielsweise nutzen, um Ihrem Kind beizubringen, wie es sich selbst beruhigen kann, wenn es sich gestresst fühlt, z. B. wenn es in einer Gruppe von Menschen ist. Das Stichwort wäre die Teilnahme an einem gesellschaftlichen Ereignis wie einem Geburtstag oder die Aufforderung, sich unter die Klassenkameraden zu mischen. Die positive Routine bestünde darin, tief durchzuatmen oder positive Affirmationen im Kopf zu wiederholen (z. B. "Ich bin hier willkommen" oder "Ich bin ein freundlicher Mensch"). Die Belohnung wäre, dass es sich selbst besser fühlt und anschließend positive Interaktionen mit anderen hat.

Es wird auch eine Zeit kommen, in der Sie eine destruktive Gewohnheit erkennen und die Gewohnheitsschleife durchbrechen müssen. Mit denselben drei Schritten können Sie Ihrem Kind helfen, die Gewohnheit zu verlernen oder sie zumindest so unerwünscht zu machen, dass es keinen Spaß mehr daran hat, sie zu praktizieren (d. h., es bekommt nicht mehr dieselben Belohnungen, wenn es die Routine ausführt). Um die Gewohnheitsschleife zu durchbrechen, müssen Sie die folgenden drei Schritte unternehmen:

Das Stichwort isolieren

Der erste Schritt ist wohl der schwierigste, denn um die Signale Ihres Kindes zu erkennen, müssen Sie es beobachten. Innerhalb einer Stunde kann es so viele Auslöser oder Reize geben, auf die Ihr Kind reagiert. Daher kann es ein Prozess von Versuch und Irrtum sein, den genauen Hinweis zu finden. Im Folgenden finden Sie einige Kategorien, die Ihnen dabei helfen sollen, den Auslöser zu identifizieren:

- Standort

- Menschen

- emotionaler Zustand

- Zeit

- Handlung, die vor dem Auslöser stattgefunden hat

Achten Sie darauf, wo sich Ihr Kind aufhält, wenn das destruktive Verhalten auftritt, von wem es umgeben ist, in welchem emotionalen Zustand es sich befindet, zu welcher Tageszeit und welche unmittelbare Handlung vor dem Auslöser stattfand. Wenn Sie wiederkehrende Muster feststellen, z. B. dass dasselbe Verhalten immer dann auftritt, wenn das Kind eine bestimmte Emotion verspürt, dann könnte dies (der emotionale Zustand) der Auslöser sein.

Wenn Ihr Kind in der Schule ist, wenn das destruktive Verhalten auftritt, schreiben Sie eine E-Mail an den Lehrer und stellen Sie die folgenden Fragen:

- Wo sind sie, wenn dieses Verhalten normalerweise auftritt?

- Welche Aktivität oder Handlung findet statt?

- Zu welcher Tageszeit ist es?

- Gibt es bestimmte Schüler oder Erwachsene, die anwesend sind?

- Gibt es bestimmte Personen, die es zu provozieren scheint?

- In welchem emotionalen Zustand befinden es sich unmittelbar vor der Handlung?

Identifizieren Sie die Routine

Der nächste Schritt besteht darin, die destruktive Routine zu identifizieren. Das ist ziemlich einfach, da die Handlungen jedes Mal, wenn Ihr Kind die Routine ausführt, gleich sind. Der Wert dieser Übung liegt jedoch darin, hinter das Verhalten zu blicken und herauszufinden, welche emotionalen Bedürfnisse Ihr Kind mit diesem Verhalten zu befriedigen versucht.

Wenn Ihr Kind zum Beispiel andere Menschen anschreit, fühlt es sich vielleicht ungehört oder nicht respektiert. Das emotionale Bedürfnis, das es damit zum Ausdruck bringen will, ist das Bedürfnis nach Bestätigung und Akzeptanz. Ein anderes Beispiel ist, wenn Ihr Kind ständig Ihre Entscheidungen in Frage stellt und sich weigert, Regeln zu befolgen. Es hat vielleicht das Gefühl, dass Sie versuchen, es zu kontrollieren und ihm seine Freiheiten zu nehmen. Das emotionale Bedürfnis, das Ihr Kind damit zum Ausdruck bringen möchte, ist das Bedürfnis nach Autonomie und einem Gefühl der Identität.

Wenn Sie sich die Zeit nehmen, die Routine zu erkennen und zu prüfen, welche emotionalen Bedürfnisse damit zum Ausdruck gebracht werden, können Sie den letzten Schritt tun, nämlich mit verschiedenen Belohnungen experimentieren.

Experimentieren Sie mit verschiedenen Belohnungen

Nachdem der Auslöser isoliert und die Routine identifiziert wurde, besteht der letzte Schritt darin, mit verschiedenen Belohnungen zu experimentieren. Es ist wichtig, sich daran zu erinnern, dass Ihr Kind nicht "loyal" gegenüber einem bestimmten Verhalten ist - egal ob positiv oder negativ. Loyal ist es vielmehr gegenüber den angenehmen Gefühlen, die es bei bestimmten Verhaltensweisen empfindet. Das bedeutet, dass Ihr Kind destruktive Verhaltensweisen verlernen kann, wenn Sie Anreize für positive Verhaltensweisen schaffen - allerdings muss gutes Verhalten vorteilhafter sein als schlechtes.

Da Sie die emotionalen Bedürfnisse, die hinter dem destruktiven Verhalten Ihres Kindes stehen, besser kennen, können Sie positive Wege finden, auf diese Bedürfnisse einzugehen, ohne dass Ihr Kind sich daneben benehmen muss. Wenn Ihr Kind zum Beispiel Bestätigung braucht, können Sie positives Verhalten stärker loben und anerkennen. Auf diese Weise lernt Ihr Kind, dass gutes Verhalten mit vielen Belohnungen verbunden ist.

Im gleichen Atemzug müssen Sie negative Verhaltensweisen ignorieren oder ihnen die Aufmerksamkeit entziehen. Wenn Ihr Kind zum Beispiel einen Wutanfall hat, fahren Sie mit der Aufgabe fort, an der Sie gerade gearbeitet haben, und tun Sie so, als ob Sie es nicht bemerken würden. Zeigen Sie keine Emotionen in Ihrem Gesicht (weder positive noch negative) und reagieren Sie nicht auf das Verhalten Ihres Kindes. Der Mangel an Aufmerksamkeit wird dazu führen, dass Wutanfälle zu einem unvorteilhaften Verhalten werden, und das Kind wird stattdessen versuchen, Ihre Bestätigung zu bekommen, indem es sich gut benimmt.

Ähnlich wie bei der Durchsetzung einer neuen Routine wird es viel Zeit und Übung erfordern, eine destruktive Gewohnheit zu durchbrechen. Machen Sie sich darauf gefasst, dass Ihr Kind Machtkämpfe austragen und viel ausprobieren wird. Wenn es einen starken Willen hat, wird es sich auch dann noch schlecht benehmen, wenn alle Anreize wegfallen (z. B. auch wenn Sie Konsequenzen für sein Verhalten aussprechen). Ihre Aufgabe ist es jedoch, konsequent zu bleiben und niemals Anzeichen von Frustration über das Verhalten des Kindes zu zeigen (denken Sie daran, dass selbst der Anblick von Frustration in

Ihrem Gesicht eine ausreichende Belohnung sein kann, um sich weiterhin schlecht zu verhalten).

Zusammenfassung - Chapter Takeaways

- Jungen mit ADHS kommen mit Überraschungen nicht gut zurecht, weil sie Vorhersehbarkeit brauchen. Aufgrund ihrer enormen Energie sind sie in einer kontrollierten und organisierten Umgebung besser aufgehoben.

- Eine Möglichkeit, ein vorhersehbares Umfeld für Ihr Kind zu schaffen, ist die Festlegung von Routinen. Dabei handelt es sich um bestimmte Aufgaben, die jeden Tag in der gleichen Reihenfolge ausgeführt werden.

- Überlegen Sie sich, was Sie erreichen wollen und wie Sie möchten, dass Ihr Kind sich täglich fühlt. Berücksichtigen Sie bei der Gestaltung des Tagesablaufs auch die Vorlieben und Abneigungen Ihres Kindes, um spätere Machtkämpfe zu vermeiden.

- Es ist normal, dass Ihr Kind Ängste hat, wenn es sich auf eine neue Routine einlässt. Um ihm die Umstellung zu erleichtern, sollten Sie frühzeitig mit ihm über die bevorstehenden Veränderungen sprechen und ihm die Möglichkeit geben, seine Bedenken zu äußern. Sie können Ihr Kind auch in die Planungsphase einbeziehen, indem Sie es um seine Meinung bitten und ihm erlauben, kleinere Entscheidungen zu treffen, z. B. wie die Aufgaben verteilt werden sollen.

- Der Vorteil der Schaffung gesunder Routinen besteht darin, dass Ihr Kind positive Bewältigungsstrategien erlernt, die ihm bei der Bewältigung von ADHS-Symptomen helfen können. Diese werden später zu Gewohnheiten, die ihr Leben reibungsloser gestalten und wichtige Lebenskompetenzen stärken.

Das letzte Kapitel enthält Übungen, mit denen Ihr Kind lernen kann, gesunde Gewohnheiten zu entwickeln.

Kapitel 6:

Bereiten Sie Ihr Kind auf die Welt vor - entwickeln Sie soziales Bewusstsein und Verantwortung

Um etwas zu bekommen oder zu geben, braucht man soziale Kompetenz. In der Welt geht es darum, sich dort wohlzufühlen, wo man ist, und dafür zu sorgen, dass sich die Menschen wohlfühlen, und das ist es, was soziale Kompetenz ausmacht.
–Penelope Trunk

Was sind soziale Fertigkeiten?

Soziale Kompetenzen sind die alltäglichen Methoden, die wir zur Kommunikation mit anderen nutzen. Sie helfen uns zu verstehen, wie wir reagieren, interpretieren und uns in das einfühlen können, was zu uns gesagt wird. Durch die Entwicklung sozialer Fähigkeiten wird das Bewusstsein dafür geschärft, was um uns herum geschieht und wie wir am besten darauf reagieren können.

Allen Kindern müssen soziale Fähigkeiten beigebracht werden; Kindern mit ADHS fällt es jedoch oft schwer, sich zu erinnern oder intuitiv zu wissen, wie sie in sozialen Situationen reagieren sollen. Möglicherweise müssen sie regelmäßig daran erinnert werden, sich zu bedanken, anderen beim Sprechen in die Augen zu schauen oder sich in der Öffentlichkeit nur bestimmte Dinge zu sagen.

Der Grund für diese sozialen Herausforderungen sind die gut dokumentierten Beeinträchtigungen der exekutiven Funktionen des ADHS-Gehirns. Eine Verbesserung der exekutiven Funktionen ist möglich, aber Forscher sagen voraus, dass Kinder mit ADHS Verzögerungen erleben werden. Je früher Sie jedoch damit beginnen, die exekutiven Funktionen zu stärken, z. B. indem Sie lernen, soziale Signale zu erkennen, desto besser wird das soziale Bewusstsein Ihres Kindes.

Die Beziehungen zu Gleichaltrigen sind ein wichtiger Bestandteil der Entwicklung Ihres Kindes. Durch diese Beziehungen kann es lernen, zu kooperieren, zu verhandeln, Grenzen zu setzen, Konflikte zu lösen und sich in andere einzufühlen. Das Anschauen von Fernsehsendungen oder das Lesen von Büchern, in denen soziale Kompetenzen gelehrt werden, bietet einfach nicht die Übung, die Ihr Kind braucht. Viele Kinder mit ADHS haben jedoch nicht die Möglichkeit, soziale Fähigkeiten zu üben, weil sie in sozialen Gruppen nicht angesprochen oder willkommen geheißen werden.

Aufgrund ihrer sozialen Probleme neigen sie dazu, sich von anderen fernzuhalten, oder sie sehen sich mit sozialer Ablehnung konfrontiert, weil sie als "kalt", "unhöflich" oder "uninteressiert" missverstanden werden. Dies führt zu einem Teufelskreis, in dem die sozialen Herausforderungen weiterhin ungelöst bleiben, weil Ihr Kind nicht in der Lage ist, sozial zu sein. Ohne solide Beziehungen zu Gleichaltrigen finden sie vielleicht einen Ersatz für reale Beziehungen, wie z. B. die Abhängigkeit von der Technologie, oder sie beschließen, soziale Interaktionen ganz zu vermeiden, um sich weitere Ablehnung zu ersparen.

Es ist wichtig zu betonen, dass soziale Fähigkeiten erlernt werden können. Ein Junge zum Beispiel, der sich schwer tut, vor der Klasse zu sprechen oder Fragen zu stellen, weil er nicht in der Lage ist, ein Gespräch zu beginnen, ist durchaus in der Lage, diese Fähigkeiten zu entwickeln. Sie müssen vielleicht regelmäßig zu Hause geübt werden, aber mit der Zeit werden die Eltern Verbesserungen feststellen. Es gibt auch verschiedene Möglichkeiten, soziale Kompetenzen in Alltagssituationen zu stärken, z. B:

- Besprechen Sie soziale Normen in alltäglichen Gesprächen, z. B. wie man sich in der Klasse oder auf dem Spielplatz verhält, oder was man sagt, wenn man einen Fremden begrüßt und wie man ihm antwortet.

- Beobachten Sie das Verhalten von Film- oder Zeichentrickfiguren und fragen Sie Ihr Kind, was es richtig oder falsch gemacht hat und wie es anders hätte reagieren können.

- Rollenspiele für alltägliche Situationen, denen Ihr Kind begegnen könnte, und abwechselnder Rollentausch (d. h. es spielt zunächst sich selbst und wechselt dann in die Rolle der anderen Person).

- Ermutigen Sie Ihr Kind, von seinen sozialen Interaktionen in der Schule zu erzählen, z. B. mit wem es spielt, wie es mit anderen Kindern auskommt und mit welchen sozialen Herausforderungen es zu kämpfen hat (z. B. wenn es aufgrund seiner Symptome in Schwierigkeiten gerät).

- Interaktive Spiele, die die Zusammenarbeit, das gemeinsame Lösen von Problemen und das Abwechseln fördern. Dazu können Spiele wie Jenga, Pictionary, Uno und Scrabble gehören.

Die acht Stadien des Menschen

Erik Erikson war ein deutsch-amerikanischer Psychoanalytiker und Entwicklungspsychologe, der acht Entwicklungsphasen entwarf, die in der Kindheit beginnen und bis ins Erwachsenenalter andauern (Mcleod, 2018). Er entwickelte diese Phasen aufgrund seiner langjährigen Erfahrung in der Arbeit mit Kindern und Jugendlichen in der Psychotherapie.

Jede Phase stellt eine psychologische "Krise" dar, die das Kind bewältigen muss, bevor es auf natürliche Weise in die nächste Phase übergehen kann. Laut Erikson führt das Scheitern bei der erfolgreichen Bewältigung der einzelnen Phasen zu psychosozialen Problemen im späteren Leben. Nachfolgend finden Sie eine Aufschlüsselung der Phasen und wie Eltern ihre Kinder in diesen Phasen unterstützen können.

Stufe 1: Vertrauen und Misstrauen

Die erste Phase lernt ein Kind im Babyalter, etwa in den ersten zwei Lebensjahren. Die heilige Bindung zwischen Mutter und

Kind schafft Vertrauen und gibt dem Kind ein Gefühl der Sicherheit. Wenn ein Kind beständig und vorhersehbar genährt wird, entwickelt es Vertrauen zu seiner Mutter, was sich später in anderen wichtigen Beziehungen widerspiegelt, die es eingeht.

Wird das Bedürfnis des Kindes nach beständiger und vorhersehbarer Fürsorge nicht erfüllt, kann es die Bindung zu seiner Mutter als unzuverlässig empfinden und ein Gefühl des Misstrauens oder des Zögerns entwickeln, wenn es sich anderen Beziehungen nähert. Eltern können in dieser Phase bewusst darauf achten, wie sie mit ihren Kindern umgehen und wie sie ihnen bedingungslose Liebe und Sicherheit vermitteln.

Erfolgreiches Ergebnis = Das Kind entwickelt ein Gefühl der Hoffnung.

Stufe 2: Autonomie vs. Scham

Die zweite Phase tritt ein, wenn ein Kind zwischen 18 Monaten und drei Jahren alt ist. Ein sicheres Kind entwickelt ein Gefühl der Autonomie, nachdem es die verschiedenen Dinge entdeckt hat, die es mit seinem Geist und Körper tun kann. Es kann zum Beispiel die Arme verschränken, wenn es sich wehrt, oder "Nein!" sagen, wenn es mit etwas nicht einverstanden ist. Ein unsicheres Kind hingegen zögert vielleicht, sich durchzusetzen, weil es Angst hat, von seinen Eltern gescholten zu werden. Übermäßig kontrollierte oder kritisierte Kinder entwickeln eher ein Gefühl der Scham als der Autonomie und können Anzeichen von mangelndem Selbstwertgefühl und Abhängigkeit von ihrer Mutter zeigen.

Erfolgreiches Ergebnis = Das Kind entwickelt Willenskraft.

Stufe 3: Initiative und Schuldgefühle

Die dritte Phase beginnt im Alter von drei Jahren und dauert bis zum Eintritt in die Schule. In dieser Zeit lernt das Kind, seine aktive Vorstellungskraft zu nutzen, auf verschiedene Weise mit anderen zu spielen und abwechselnd zu führen und zu folgen. Bei Jungen ist dies in der Regel die Zeit, in der sie mit ihren eigenen Kräften experimentieren und möglicherweise Verhaltensweisen an den Tag legen, die Eltern und Lehrer als aggressiv empfinden.

Da sie viel mehr soziale Interaktionen haben werden, insbesondere mit anderen Vorschulkindern, sollen sie lernen, verantwortungsbewusst zu spielen, in Gruppen kooperativ zu sein und Entscheidungen zu treffen, die auf andere Rücksicht nehmen. Durch diese Fähigkeiten lernt ein Kind, die Initiative zu ergreifen und sich selbst auszudrücken. Wenn ihre Selbstdarstellung oder Entscheidungsfindung kritisiert oder bestraft wird (z. B. wenn sie angeschrien werden, weil sie Fragen stellen), können sie ein Gefühl von Schuld und persönlicher Unzulänglichkeit entwickeln. Zu viele Schuldgefühle können dazu führen, dass das Kind Angst davor hat, seine Gedanken und Gefühle offen mit anderen zu teilen.

Erfolgreiches Ergebnis = Das Kind entwickelt ein Gefühl der Zielstrebigkeit.

Stufe 4: Selbstständigkeit gegen Minderwertigkeit

Die vierte Phase beginnt im Schulalter, wenn das Kind Lesen und Schreiben lernt, Rechnen übt und selbstständig Hausarbeiten erledigt. Sowohl die Eltern als auch die Lehrer spielen in dieser Phase eine wichtige Rolle, da sie es sind, die die Fähigkeiten vermitteln können. Das Kind beginnt vielleicht, Unterschiede zwischen sich und Gleichaltrigen zu bemerken, z.

B. dass es Konzepte nicht so schnell begreift wie andere Kinder oder dass es nicht das "coole" Kind auf dem Spielplatz ist.

Die Art und Weise, wie es sich zu seiner Gruppe von Gleichaltrigen verhält, kann entweder Selbstvertrauen schaffen oder einen Mangel an Selbstwertgefühl verursachen. Das Kind verspürt vielleicht den Wunsch, in einem bestimmten Bereich seines Lebens Kompetenzen zu beweisen, um die Anerkennung der Gleichaltrigen zu gewinnen und ein Gefühl der Selbstachtung zu entwickeln. Eltern können diesen Wunsch unterstützen, indem sie ihr Kind für Sport, Theatergruppen, Kunstunterricht und andere Aktivitäten anmelden, die ihm helfen, sein Selbstwertgefühl aufzubauen und wichtige Lebenskompetenzen zu stärken. Geschieht dies nicht, kann das Kind anfangen, an seinen Fähigkeiten zu zweifeln oder zu glauben, dass mit ihm etwas nicht in Ordnung ist.

Erfolgreiches Ergebnis = Das Kind entwickelt Kompetenz.

Stufe 5: Identitäts- und Rollenverwirrung

Die fünfte Phase tritt im Alter von 13-20 Jahren ein. Es ist die Phase, in der ein Teenager zum Erwachsenen wird. Eines der zentralen Themen in ihrem Leben wird sein, herauszufinden, wer sie sind und was sie glauben. Häufig zweifelt das Kind an dem, was ihm im Laufe seines Lebens beigebracht wurde, oder an den Regeln, die es befolgen soll. Auch wenn dies als Rebellion angesehen werden kann, versucht das Kind lediglich, sein eigenes Glaubenssystem aufzubauen und Verhaltensweisen zu verstehen, denen es bisher blind gefolgt ist.

Wenn Eltern die Gefühle ihrer Kinder anerkennen und ihnen erlauben, Regeln abzulehnen oder auszuhandeln, helfen sie ihnen, sich zu entwickeln, d. h. eine von den Eltern getrennte Identität aufzubauen. Dies ist nicht zu verwechseln mit Permissivität, d. h. Nachsicht mit den Wünschen des Kindes und geringen Erwartungen an sein Verhalten. Die Eltern sind nach wie vor dafür verantwortlich, ein strukturiertes Umfeld zu schaffen und für Disziplin zu sorgen; sie erlauben ihrem Kind jedoch, seine Identität zu erforschen, Fragen zu stellen und seine eigenen Überzeugungen durchzusetzen.

Wenn es nicht gelingt, ein Gefühl für die eigene Identität zu entwickeln und die eigenen Überzeugungen durchzusetzen, führt dies zu Rollenverwirrung. Mit anderen Worten: Das Kind versteht möglicherweise nicht, welche Funktion es in der Gesellschaft hat, was seine Leidenschaften und Interessen sind oder welchen sinnvollen Beitrag es im Leben anderer leisten kann. Rollenverwirrung kann große Ängste auslösen und dazu führen, dass sich das Kind nicht auf das Erwachsenenleben vorbereitet fühlt. Die Aufgabe der Eltern besteht darin, das Kind zu ermutigen, verschiedene Interessen, Hobbys und Berufe zu erforschen, um zu entscheiden, welche Art von Lebensstil für das Kind geeignet ist.

Erfolgreiches Ergebnis = Der Teenager entwickelt Treue.

Stufe 6: Intimität vs. Isolation

Die sechste Phase tritt im Alter zwischen 18 und 40 Jahren ein. Die größte "Krise" für junge Erwachsene, die neue Erfahrungen machen, besteht darin, echte intime Beziehungen zu anderen Menschen aufzubauen. Zum ersten Mal sind sie bestrebt, langfristige Beziehungen mit anderen Menschen als ihren Familienmitgliedern einzugehen, und der Erfolg dieser Beziehungen führt zu Sicherheit, Mitgefühl und Engagement.

Nicht jeder junge Erwachsene ist in der Lage, echte Intimität mit anderen zu entwickeln oder gesunde langfristige Beziehungen im Erwachsenenalter zu führen. Die Konflikte, die sie in ihren Beziehungen erleben können, sind bis zu einem gewissen Grad auf die frühe Bindung an ihre Mutter zurückzuführen.

Fühlte sich der Mann oder die Frau beispielsweise als Baby von der Mutter geborgen, genährt und bestätigt, ist es wahrscheinlicher, dass sie in intimen Beziehungen offen und vertrauensvoll sind. Fühlte sich die Beziehung zur Mutter jedoch unberechenbar an und fehlte die Zuneigung, die Kinder brauchen, um sich sicher und umsorgt zu fühlen, vermeiden sie als Erwachsene möglicherweise Intimität und fürchten sich vor einer Bindung - was oft zu Einsamkeit und Isolation führt.

Erfolgreiches Ergebnis = Der Erwachsene ist offen, Liebe zu geben und zu empfangen.

Stufe 7: Generativität vs. Selbstverzehrung

Die siebte Stufe tritt in der Lebensmitte auf, wo der erwachsene Mann oder die erwachsene Frau eine innere Berufung verspürt, der Welt einen Stempel aufzudrücken. Sie entwickeln vielleicht ein Interesse an Mentoring oder daran, einen positiven Beitrag zum Leben anderer zu leisten. Dieser inneren Berufung zu folgen, führt zu einem Gefühl der Erfüllung, während das Versäumnis, dieser Berufung zu folgen, zu Gefühlen der Stagnation und des Abgehängtseins von der Arbeit, der Familie und der größeren Gemeinschaft führt.

Erfolgreiches Ergebnis = Der Erwachsene kümmert sich intensiv um andere.

Stufe 8: Integrität vs. Verzweiflung

Die achte Phase beginnt im Alter von 65 Jahren und dauert bis zum Ende des Lebens des Erwachsenen an. In dieser Zeit können sie über ihre Kindheit, Jugend und Erfahrungen im

Erwachsenenalter nachdenken und feststellen, ob ihr Leben sinnvoll war oder nicht. Wenn sie in der Lage waren, diese psychosozialen Krisen (Stufe 1 bis Stufe 7) erfolgreich zu bewältigen und zu lösen, werden sie Integrität entwickeln, während das Scheitern, einige oder alle dieser Krisen zu bewältigen und zu lösen, zu Verzweiflung führt.

Erfolgreiches Ergebnis = Der Erwachsene entwickelt Weisheit.

Diese acht Entwicklungsstufen sollten nicht als Rezept für die Erziehung Ihres Kindes verstanden werden, sondern als eine Beschreibung, wie sich die psychologische Psyche Ihres Kindes im Laufe der Zeit entwickeln könnte. Es gibt viele andere Faktoren, die sich auf das Aufwachsen Ihres Kindes auswirken können, die in diesen acht Stufen nicht erwähnt werden. Betrachten Sie diese Stufen daher nur als eine Möglichkeit, den Prozess zu erklären, wie Ihr Kind eine Persönlichkeit entwickelt und wichtige soziale Fähigkeiten erlernt.

Ihrem Kind soziale Verantwortung beibringen

Soziale Verantwortung bedeutet, zu verstehen, wie sich unser Handeln auf andere auswirkt. Wenn wir uns der Konsequenzen unseres Handelns bewusst sind, haben wir die Möglichkeit, uns zu ändern.

Die Beziehungen zu Gleichaltrigen sind ein wichtiger Aspekt in der Entwicklung Ihres Sohnes, und wie er sich in einem sozialen Umfeld verhält, bestimmt den Einfluss, den er auf das Leben anderer hat. Kein Elternteil möchte, dass sich sein Kind von einer Gruppe entfremdet, weil es sich nicht bewusst ist, wie sich sein Verhalten negativ auf andere auswirkt. Wenn Sie Ihrem Kind also beibringen, wie es sich sozial verantwortlich verhält, kann das sein Selbstvertrauen stärken und es vor öffentlicher Kritik schützen.

Soziale Verantwortung beginnt mit Verantwortungsbewusstsein. Ihr Kind wurde nicht mit einem Sinn für Verantwortlichkeit geboren - das ist bei Kindern im Allgemeinen nicht der Fall. Die meiste Zeit seiner Kindheit ist Ihr Kind darauf angewiesen, dass Sie sich um seine Bedürfnisse kümmern. Aus diesem Grund reagiert es möglicherweise negativ auf Regeln oder auf die Auferlegung von Aufgaben. In der Vergangenheit mussten sie noch nie für ihre Handlungen verantwortlich sein, warum also jetzt?

Die Gefahr, die viele Eltern eingehen, besteht darin, dass sie denken, ihre Kinder seien zu jung, um zur Rechenschaft gezogen zu werden. Das ist einfach nicht wahr. Ja, natürlich müssen die Aufgaben, die Kindern übertragen werden, altersgerecht sein; aber wenn man Erwartungen an ihr Verhalten stellt, lernen sie in jedem Alter, Verantwortung zu übernehmen. Wenn Ihr Kind sich zum Beispiel schlecht benimmt, wird erwartet, dass eine Konsequenz folgt. Die Konsequenz ist ein Mittel, um die Erwartung eines guten Verhaltens zu unterstreichen.

Verantwortung zu Hause bedeutet auch Verantwortung in der Schule oder in anderen sozialen Bereichen. Das liegt daran, dass ein Verhalten, das zu Hause verstärkt wird, auch in der Öffentlichkeit verstärkt wird. Ihr Kind benimmt sich in der Öffentlichkeit vielleicht nicht immer gut, aber es ist eher in der Lage, sich selbst zu korrigieren. Wenn Ihrem Kind beispielsweise zu Hause beigebracht wird, dass es unhöflich ist, über andere zu sprechen, und es jedes Mal Konsequenzen erhält, wenn es dieses Verhalten an den Tag legt, wird es bewusster darauf achten, anderen das Wort zu erteilen, wenn es sich in Gesellschaft befindet.

Dasselbe gilt, wenn Sie Ihrem Kind beibringen, wie man kooperiert und sich beim Spielen zu Hause abwechselt, oder wie man den persönlichen Raum anderer respektiert. Wenn Sie Ihr Kind für diese Verhaltensweisen verantwortlich machen, während es sich in einer sicheren und angenehmen Umgebung aufhält, hat es genügend Übung, wenn diese Fähigkeiten in der Gesellschaft erwartet werden. Je früher man damit beginnt, Verantwortung zu vermitteln, desto besser. Im Gegensatz zu Teenagern ist es bei jüngeren Jungen weniger wahrscheinlich, dass sie die Notwendigkeit, Verantwortung zu übernehmen und für ihre Handlungen einzustehen, in Frage stellen.

Eine gute Strategie zur Stärkung der Verantwortlichkeit besteht darin, Ihrem Kind klarzumachen, dass es sich verantwortungsbewusst verhält und dass Sie stolz darauf sind, dass es sich für dieses Verhalten entschieden hat. Sie können zum Beispiel sagen, nachdem Ihr Kind eine Aufgabe erledigt hat:

- "Ich bin stolz auf dich, dass du deine Verantwortung wahrgenommen hast."

- "Ich finde es gut, wie du mit dieser Verantwortung umgegangen bist."

- "Du wusstest, dass du dafür verantwortlich bist, und ich bin stolz, dass du es getan hast."

- "Ich belohne dich mit 10 Minuten zusätzlicher Fernseh- / Computerzeit, weil du deine Verantwortung wahrgenommen hast."

Sie können auch erklären, welche Aufgaben sie haben, indem Sie konkret werden. Sie könnten zum Beispiel sagen

- "Wenn du ein Konzept im Unterricht nicht verstehst, ist es deine Aufgabe, die Hand zu heben und eine Frage zu stellen."

- "Da du wolltest, dass wir einen Hund bekommen, ist es deine Aufgabe, ihn zu füttern."

- "Wir alle haben Aufgaben im Haushalt, und deine Aufgabe ist es, mir bei der Zubereitung des Abendessens zu helfen."

- "Wenn du mit deinem Freund spielst, ist es deine Aufgabe, das Spielzeug zu teilen."

Wenn Sie Ihr Kind bewusst auf Aufgaben hinweisen, für die es verantwortlich ist, wird es sich seiner Handlungen bewusst. Belohnungen, nachdem es seine Aufgaben erfüllt hat, sind ebenfalls eine gute Möglichkeit, verlässliche Verhaltensweisen zu fördern. In Gesprächen können Sie Ihr Kind auch an seine Verantwortung erinnern.

Zum Beispiel können Sie es morgens am Frühstückstisch an seine Verantwortung erinnern, zur Schule zu gehen, oder wenn es in der Schule Schwierigkeiten hat, können Sie ihm versichern, dass es in Ihrer Verantwortung liegt, ihm Unterstützung anzubieten und ihm bei der Bewältigung von

Lernschwierigkeiten zu helfen. Ihr Kind wird schließlich lernen, dass von jedem Menschen, ob jung oder alt, erwartet wird, dass er seinen Teil der Verantwortung übernimmt.

Zusammenfassung - Kapitel Takeaways

• Soziale Kompetenzen sind die Werkzeuge, die wir nutzen, um Beziehungen zu anderen aufzubauen und zu pflegen. Während Ihr Kind heranwächst, muss es diese Fähigkeiten entwickeln, um positive Interaktionen mit Gleichaltrigen zu haben.

• Aufgrund von Beeinträchtigungen der exekutiven Funktionen des Gehirns kann es Ihrem Kind schwer fallen, soziale Signale zu erkennen, sich in andere hineinzuversetzen oder zu beurteilen, welche Verhaltensweisen in einem sozialen Umfeld am besten geeignet sind. Das bedeutet jedoch nicht, dass es sein soziales Bewusstsein nicht verbessern kann.

• Die acht Entwicklungsstufen von Erik Erikson sind ein nützliches Modell, um zu erklären, wie sich die Persönlichkeit und die sozialen Fähigkeiten Ihres Kindes mit zunehmendem Alter verbessern.

• Als Baby braucht es in erster Linie das Vertrauen, dass man sich um es kümmert, und mit zunehmendem Alter wünscht es sich mehr Autonomie, Kompetenz und ein Gefühl der persönlichen Identität. Wenn Ihr Kind diese Phasen erfolgreich durchläuft, kann es sich gut anpassen und in sich selbst sicher werden.

• Es ist wichtig, Ihrem Kind beizubringen, sozial verantwortlich zu handeln, d. h. sich bewusst zu machen, welche Auswirkungen sein Handeln auf andere hat. Soziale Verantwortung lässt sich am besten dadurch vermitteln, dass Sie Ihr Kind von klein auf für seine Handlungen zur Rechenschaft ziehen. Diese Verantwortung beginnt zu Hause und erstreckt sich auch auf andere Bereiche im Leben Ihres Kindes.

- Die Gesellschaft stellt bereits Erwartungen an Kinder; daher ist es nur fair, wenn Sie Ihrem Kind auch wünschenswerte Verhaltensweisen beibringen. Machen Sie ihm klar, dass von ihm erwartet wird, dass es bestimmte Verhaltensweisen beibehält, bestimmte Aufgaben erledigt und andere auf eine bestimmte Weise behandelt. Wenn es dies erfolgreich tut, wird es belohnt, wenn es das nicht tun, hat dies Konsequenzen.

Kapitel 7:

Eine Meile in den Schuhen einer anderen Person gehen

Empathie bedeutet, mit den Augen eines anderen zu sehen, mit den Ohren eines anderen zu hören und mit dem Herzen eines anderen zu fühlen.
–Alfred Adler

ADHS und Einfühlungsvermögen

Empathie ist die Fähigkeit, sich in die Lage einer anderen Person zu versetzen und sich für einen kurzen Moment in deren Gedanken oder Gefühle hineinzuempfinden. Diese Fähigkeit ist für jeden Menschen unglaublich schwer zu erlernen, und oft zeigen Erwachsene Anzeichen von mangelnder Empathie.

Einfühlungsvermögen ist deshalb so schwer zu erlernen, weil es ein hohes Maß an emotionaler Intelligenz (EQ) erfordert. Wir können EQ als die Fähigkeit beschreiben, die eigenen Emotionen zu erkennen und zu steuern sowie die Emotionen anderer zu erkennen und angemessen darauf zu reagieren. Kindern muss beigebracht werden, innezuhalten und ihre Emotionen wahrzunehmen und zu beschreiben, was sie sind und welche Auswirkungen sie haben. Dies hilft ihnen, sich der gleichen Emotionen, die andere zeigen, und der potenziellen Herausforderungen, die sie möglicherweise erleben, bewusst zu werden.

Kindern mit ADHS wird zu Unrecht mangelndes Einfühlungsvermögen nachgesagt. Ihre Ablenkbarkeit, ihr ausdrucksloses Starren oder ihre unangemessenen Reaktionen auf soziale Signale werden schnell als Zeichen von Desinteresse oder Unhöflichkeit gedeutet. Dies ist jedoch nicht der Fall. Kinder mit ADHS kümmern sich sehr um andere, manchmal sogar mehr als neurotypische Kinder, weil sie so sensibel sind. Sie möchten Mitgefühl und Verständnis zeigen, aber es gelingt ihnen nicht immer.

Es kann zum Beispiel sein, dass es für Ihr Kind nicht selbstverständlich ist, Sie mit einer Umarmung zu trösten, wenn es merkt, dass Sie aufgebracht sind. Das liegt nicht daran, dass es nicht gerne jemanden umarmt (obwohl das der Fall sein könnte, wenn es empfindlich auf Berührungen reagiert), sondern eher daran, dass es nicht weiß, dass Sie eine Umarmung brauchen. Sie müssen vielleicht deutlich sagen: "Kann ich eine Umarmung haben?", damit es mit Zuneigung reagiert, sonst kann es nicht instinktiv so reagieren.

Ein anderes Beispiel ist, wenn Ihr Kind etwas Unangemessenes sagt, das als unverblümt und unhöflich rüberkommt. Anstatt die Gefühle einer anderen Person zu bestätigen (z. B. "Ich kann mir vorstellen, was du durchmachst"), könnte es deren Entscheidungsfähigkeit in Frage stellen (z. B. "Wie kannst du nur so dumm sein?"). Manche Kinder, insbesondere Jungen im Teenageralter, die sich mit ihren eigenen Gefühlen nicht wohl fühlen, reagieren in sehr emotionalen Situationen mit albernem Verhalten. Das kann auf andere unsensibel wirken, ist aber eigentlich nicht so gemeint.

Die Schwierigkeit, Empathie zu zeigen, kann die Beziehungen Ihres Kindes belasten. In der Schule kann es zum Beispiel zu Fehleinschätzungen und Mobbing kommen, weil es nicht in der Lage ist, in sozialen Situationen angemessen zu reagieren. Da es Jungen stereotypisch nicht erlaubt ist, ihre Gefühle auszudrücken, kann das Üben von Empathie auch etwas sein, das sie als unangenehm oder beschämend empfinden. Indem Sie diese wertvolle Fähigkeit zu Hause stärken, können Sie Ihrem Kind helfen, sich seiner eigenen Emotionen und der anderer bewusster zu werden und mit ihnen umzugehen.

Altersgerechte Strategien zur Entwicklung der Empathie Ihres Kindes

Empathie funktioniert, wenn man mit seinen eigenen emotionalen Erfahrungen verbunden ist. Dies ist für Kinder unglaublich schwer zu verstehen oder zu üben, da sie noch versuchen, ihre eigenen Gefühle zu verstehen. Es kommt häufig vor, dass ein Kind sich der Gefühle anderer nicht bewusst ist oder Gelegenheiten verpasst, sein Mitgefühl auszudrücken. Wie jede andere Fähigkeit zur Selbstregulierung kann jedoch auch die Empathie entwickelt werden.

Im Folgenden finden Sie einige altersgerechte Strategien, die Ihrem Kind helfen können, mehr Einfühlungsvermögen zu entwickeln:

Jungen im Alter von 3-8 Jahren

Vorschulkindern fällt es oft schwer, über ihre eigenen Bedürfnisse hinaus zu sehen. Der Akt des "Teilens" wird zum Beispiel eher als Verlust empfunden, denn als etwas, das die Beziehungen zu Gleichaltrigen stärken kann. Außerdem können sie in ihrem Bestreben, sich durchzusetzen, harsch oder unfreundlich sein. In dieser Phase muss Ihr Kind vielleicht daran erinnert werden, andere so zu behandeln, wie es selbst behandelt werden möchte.

Hier sind einige Strategien, die Sie zu Hause anwenden können:

1. Geschichten lesen

Wenn Ihr Kind Geschichten hört, kann es sich ein Bild von verschiedenen Verhaltensweisen machen und wie sie sich auf andere auswirken könnten. Eine Romanfigur, die unfreundlich ist, könnte zum Beispiel ihre Freunde verlieren. Während Sie ein Buch durchlesen, können Sie auch innehalten und Ihr Kind fragen, wie sich bestimmte Figuren aufgrund des ihnen gegenüber gezeigten Verhaltens fühlen könnten.

2. Erstellen Sie ein " Wir kümmern uns"-Paket

Ein " Wir kümmern uns"-Paket ist eine Schachtel mit Gegenständen wie Taschentüchern, Schokolade, Kuscheltieren und einer Notizkarte, um jemanden zu trösten, wenn er traurig ist. Sie und Ihr Kind können gemeinsam ein " Wir kümmern uns"-Paket für zu Hause zusammenstellen (stellen Sie sicher, dass Sie es immer vorrätig haben), und eines für Klassenkameraden, Lehrer oder andere Personen, von denen Ihr Kind weiß, dass sie eine schwierige Zeit durchmachen und Liebe und Unterstützung brauchen.

3. Verhalten korrigieren, wenn es auftritt

Wenn Sie Ihr Kind dabei erwischen, wie es sich anderen Kindern gegenüber unfreundlich oder aggressiv verhält, müssen Sie sofort eingreifen. Nehmen Sie es zur Seite und erklären Sie ihm, warum ein solches Verhalten nicht akzeptabel ist. Verwenden Sie Sätze wie "Was glaubst du, wie sich das andere Kind fühlt?" oder "Wie würdest du dich fühlen, wenn es dir dein Spielzeug wegnehmen würde?", um ihm eine Perspektive zu geben.

Vermeiden Sie einen aggressiven Ton oder eine aggressive Sprache, wenn Sie Ihr Kind korrigieren, denn dadurch kann es sich schuldig fühlen, weil es sich durchgesetzt hat, was ja nicht falsch ist. Was falsch war, war seine Reaktion, und diese kann geändert werden, wenn Ihr Kind glaubt, dass es es beim nächsten Mal besser machen kann.

4. Scharade der Gefühle spielen

Gefühlsscharaden sind ein lustiges und interaktives Spiel, mit dem Sie Ihrem Kind beibringen können, wie es seine Gefühle oder die einer anderen Person beschreiben kann. Bei diesem Spiel steht eine Person auf und mimt eine bestimmte Emotion mit Gesten und ohne zu sprechen. Die anderen Mitspieler raten abwechselnd, welches Gefühl dargestellt wird. Wer richtig rät, darf sich nach vorne stellen und eine andere Emotion mimen. Dieses Spiel kann mit der ganzen Familie gespielt werden.

5. Andere beobachten

Das Beobachten von Menschen ist eine gute Möglichkeit, um zu lernen, wie man verschiedene Gesichtsausdrücke und andere nonverbale Signale lesen kann. Sie können mit Ihrem

Kind in den Park gehen und Zeit damit verbringen, Menschen zu beobachten. Helfen Sie Ihrem Kind, sich auf bestimmte Zeichen zu konzentrieren, wie z. B. die verschränkten Arme oder den auf den Boden gesenkten Kopf eines Kindes, und herauszufinden, was es damit ausdrücken möchte. Sie könnten zum Beispiel sagen: "Siehst du das kleine Mädchen, das mit den Füßen aufstampft? Ich glaube, sie ist wütend auf ihre Mutter, weil sie "Nachhausegeh-Zeit" gerufen hat. Was denkst du, was sie fühlt?"

Jungen im Alter von 9-12 Jahren

Das Beste an der Phase vor der Pubertät ist, dass Ihr Kind beginnt, ein Selbstbewusstsein zu entwickeln. Ihre Persönlichkeit ist vielleicht deutlicher als je zuvor, und sie sind in der Lage, ihre Bedürfnisse durchzusetzen, auch wenn das bedeutet, dass sie andere herausfordern. Dies kann jedoch auch bedeuten, dass es weniger kompromissbereit ist, andere mit seiner starken Meinung verletzen und in sozialen Situationen unangemessen reagieren kann. In diesem Alter muss Ihrem Kind vielleicht beigebracht werden, auf die Grenzen anderer zu achten und sensibler zu sein, wenn jemand sichtlich verärgert ist.

Hier sind einige Strategien, die Sie zu Hause anwenden können:

1. Grenzen setzen

Es ist wichtig, dass sich Ihr Kind in der Gesellschaft anderer sicher fühlt, sonst kann es sich darin nicht öffnen. Helfen Sie Ihrem Kind, eine Liste mit sozialen Situationen zu erstellen, in denen es sich zu Hause und in der Schule unwohl fühlt. Auf dieser Liste könnte stehen, dass ein Geschwisterkind in sein Zimmer stürmt, dass von ihm erwartet wird, jemanden zu umarmen, oder dass es von einem Mitschüler beschimpft wird.

Ein einfacher Satz, den Sie Ihrem Kind beibringen können, lautet: "Ich mag es nicht, wenn [unangenehmes Verhalten erwähnen]. Bitte tu das nicht." Zum Beispiel: "Ich mag es nicht, wenn du Fotos von mir machst. Bitte tu das nicht."

2. Respektieren Sie die Grenzen anderer Menschen

Bringen Sie Ihrem Kind bei, dass auch andere Menschen Vorlieben und Abneigungen haben. Das ältere Geschwisterkind mag es zum Beispiel nicht, wenn das jüngere mit seinen Geräten spielt. Oder ein Klassenkamerad mag es nicht, wenn man zu dicht neben ihm sitzt. Eine Möglichkeit, wie es lernen kann, die Grenzen anderer zu respektieren, besteht darin, um Erlaubnis zu fragen, wenn es eine bestimmte Reaktion oder Handlung von jemandem erwartet. Sie können ihm beibringen zu sagen:

- "Darf ich dich umarmen?"

- "Darf ich mit dir spielen?"

- "Darf ich dein Spielzeug sehen?"

- "Darf ich dein Zimmer betreten?"

- "Darf ich mich neben dich setzen?"

Das Ersuchen um Erlaubnis wird nicht immer zu der erhofften Antwort führen, und das ist völlig in Ordnung.

3. Visualisieren Sie liebevolle Interaktionen

Visualisierung hat die Fähigkeit, Verhaltensweisen positiv zu verändern. Je öfter Sie sich ein bestimmtes Gefühl und die verschiedenen Möglichkeiten, wie es gefühlt und erlebt werden kann, vergegenwärtigen, desto besser werden Sie darauf eingestimmt sein.

Führen Sie Ihr Kind durch eine Visualisierungsübung. Bitten Sie es, an jemanden zu denken, den es liebt und der in einer anderen Stadt oder einem anderen Bundesland lebt, und ihm positive Gedanken zu schicken. Sobald es mit dieser Vorgabe vertraut ist, können Sie es bitten, an eine Zeit zu denken, in der es sich schlecht gefühlt hat, und dieser Version von sich selbst oder Klassenkameraden, die gerade eine schwere Zeit durchmachen und positive Gedanken brauchen, positive Gedanken zu schicken.

4. Empathiekarten erstellen

Empathiekarten sind eine gute Möglichkeit, Ihr Kind auf zukünftige emotionale Situationen vorzubereiten und ihm zu zeigen, wie es sich in solchen Momenten verhalten soll. Nehmen Sie ein großes Stück Pappe und ein paar Stifte. Zeichnen Sie vier große Kreise auf das Blatt und schreiben Sie in jeden Kreis die Wörter: fühlen, denken, sagen, tun.

Schlagen Sie eine Situation aus dem wirklichen Leben vor und bitten Sie Ihr Kind, aufzuschreiben, was es in dieser Situation fühlen, denken, sagen oder tun könnte. Was würde es zum Beispiel fühlen, denken, sagen oder tun, wenn einer seiner Freunde schikaniert würde? Sie können es gerne bei den einzelnen Schritten begleiten und ihm Anregungen geben.

Helfen Sie ihm zu erkennen, dass es nicht immer einfach ist, in neuen, intensiven oder unangenehmen Situationen zu wissen, was man fühlen oder denken soll, und dass es manchmal in Ordnung ist, zu sagen, dass man nicht weiß, was man tun soll. Wenn Ihr Kind zum Beispiel nicht weiß, wie es auf intensive Gefühle wie Weinen oder Wut reagieren soll, könnte es sagen: "Ich kann sehen, dass du wütend bist, und es tut mir leid, dass du dich so fühlst. Aber im Moment weiß ich nicht, was ich sagen soll, damit du dich besser fühlst. Üben Sie die verschiedenen Reaktionen mit Ihrem Kind, damit es sich sicher fühlt, angemessen zu reagieren.

5. Emotionale Validierung lehren

Emotionale Validierung bedeutet, die Gefühle einer anderen Person anzuerkennen, ohne sie zu verurteilen. Es geht einfach darum, ihr zu erlauben, sich auszudrücken und sich nicht schlecht zu fühlen, wenn sie das tut. Sie können emotionale Validierung lehren, indem Sie Ihrem Kind helfen, zuzuhören, ohne andere zu unterbrechen. Spielen Sie gemeinsam ein Spiel, bei dem jeder abwechselnd das "Mikrofon" (z. B. einen Holzlöffel) hält. Derjenige, der das Mikrofon in der Hand hält, hat die Möglichkeit zu sprechen, während die andere Person aufmerksam zuhören muss, damit sie das Gesagte wiederholen kann.

Sie können Ihrem Kind auch beibringen, tolerant gegenüber anderen Ansichten und Überzeugungen zu sein. Wenn es zum Beispiel mit dem, was gesagt wird, nicht einverstanden ist, muss es nicht reagieren, indem es das Gespräch abbricht oder beweist, warum es Recht hat und die andere Person im Unrecht ist. Betonen Sie, dass jeder Mensch einzigartig ist und die Welt anders sieht, und dass es trotz offensichtlicher Unterschiede anderen erlauben könne, sich zu äußern und auszudrücken.

Jungen 13-17

Jungen im Teenageralter empfinden aufgrund des Hormonanstiegs in ihrem Körper viele intensive Emotionen; meistens wissen sie jedoch nicht, wie sie mit ihren starken Gefühlen umgehen sollen. Häufig entwickeln sie maskierende

Verhaltensweisen wie stoisches, distanziertes oder desinteressiertes Verhalten, um sich vor einer "Gefühlsüberflutung" zu schützen. In diesem Alter muss Ihr Kind wissen, dass es für es in Ordnung ist, große Gefühle zu haben und auszudrücken. Je wohler es sich mit seinen Gefühlen fühlt, desto leichter wird es, auf die Gefühle anderer Menschen zu reagieren.

Hier sind einige Strategien, die Sie zu Hause anwenden können:

1. Diskutieren Sie aktuelle Themen

Machen Sie es sich zur Gewohnheit, mit Ihrem Kind über aktuelle Themen zu sprechen. Stellen Sie ihm Fragen zu seiner Meinung über die Veränderungen in der Gesellschaft. Erforschen Sie die Fallstudie aus verschiedenen Perspektiven, einschließlich der Frage, wie sich die Situation auf Unternehmen, Haushalte und Gemeinden auswirken könnte. Sie können Ihr Kind auch bitten, mögliche Lösungen zu nennen, die die Situation verbessern können.

2. Soziale Anliegen unterstützen

Ermutigen Sie Ihr Kind, sich für eine soziale Sache zu engagieren. Jedes Jahr kann es eine andere Sache auswählen, die ihm wichtig ist. Finden Sie Möglichkeiten, sich an lokalen Projekten zu beteiligen und das Bewusstsein für die Sache zu schärfen. Ihr Kind sollte bei dieser Initiative die Führung übernehmen, aber Sie können ihm helfen, mit den richtigen Leuten in Kontakt zu kommen, die einen positiven Beitrag leisten können.

3. Tagebuchführung

Ein Tagebuch kann Ihrem Kind helfen, seine Gedanken und Gefühle auf Papier zu bringen. Das Tolle an dieser Übung ist, dass sie privat ist und in dem Tempo durchgeführt werden kann, das Ihr Kind wünscht. Es kann sich zum Beispiel das Ziel setzen, jeden Tag oder jede Woche einen Tagebucheintrag über seinen Tag, seine Herausforderungen oder seine Gefühle zu bevorstehenden Ereignissen zu verfassen. Niemand sonst hat Zugang zu diesen Einträgen, es sei denn, das Kind möchte sie mit anderen teilen. Das Tagebuch soll ihm helfen, das zu verstehen, was es anderen gegenüber nur schwer ausdrücken kann.

4. Melden Sie ihr Kind für Schauspielunterricht an

Die erwachsene Version des vorgetäuschten Spiels ist ein Schauspielkurs. Wenn dies eine Aktivität ist, die Ihrem Kind Spaß macht, kann es dies als eine großartige Möglichkeit betrachten, sich auszudrücken. Das Tolle am Schauspielen ist, dass Ihr Kind in verschiedene Rollen schlüpfen und sich vorstellen kann, was die einzelnen Figuren brauchen und wünschen. Im wirklichen Leben kann es so lernen, die Bedürfnisse und Wünsche anderer zu erkennen.

5. Technik des leeren Stuhls

Die Technik des leeren Stuhls ist eine Übung, die Therapeuten anwenden, um Klienten zu helfen, eine Situation aus der Perspektive der anderen Person zu sehen. Zwei Stühle werden einander gegenübergestellt, und der Klient wechselt von einem Stuhl zum anderen und drückt aus, wie er sich aus verschiedenen Blickwinkeln (dem eigenen und dem der anderen Person) fühlt.

Wann immer Ihr Kind mit einem zwischenmenschlichen Konflikt konfrontiert ist, z. B. wenn es sich mit einem Freund oder einem Lehrer streitet, können Sie es durch die Technik des leeren Stuhls begleiten. Bitten Sie es, sich auf einen Stuhl zu setzen und so zu tun, als säße sein Freund oder Lehrer auf dem anderen Stuhl. Ermutigen Sie das Kind, drei Minuten lang zu sagen, wie es sich aus deren Sicht fühlt.

Wenn die drei Minuten um sind, sagen Sie ihm, dass es tief durchatmen und den Stuhl wechseln solle. Fordern Sie Ihr Kind auf, in den nächsten drei Minuten wie die andere Person zu reagieren und auszudrücken, wie es sich fühlen könnte. Wechseln Sie so lange die Stühle, bis Ihr Kind beginnt, eine faire und ausgewogene Sicht der Situation zu haben.

Einfühlungsvermögen durch selbstbewusste Kommunikation üben

Sie möchten, dass Ihr Kind selbstbewusst für sich selbst eintritt und sich gleichzeitig bewusst ist, wie seine Worte und sein Verhalten die Menschen in seiner Umgebung beeinflussen. Selbstbewusste Kommunikation ist ein großartiges Kommunikationsinstrument, mit dem Ihr Kind lernen kann, seine Gedanken und Gefühle auszudrücken, ohne auf aggressive oder unangemessene Sprache oder Verhaltensweisen zurückzugreifen. Mit der Zeit kann dies das Selbstvertrauen des Kindes stärken und ihm helfen, seine eigenen Grenzen zu schätzen.

Der erste Schritt bei der Vermittlung selbstbewusster Kommunikation besteht darin, zu definieren, was sie ist und wie sie sich von anderen Kommunikationsstilen unterscheidet. Eine kindgerechte Definition von selbstbewusster Kommunikation bedeutet, dass man seine Bedürfnisse und Anliegen zum Ausdruck bringt und gleichzeitig Rücksicht auf die Bedürfnisse und Anliegen der anderen nimmt. Es ist ein Gleichgewicht zwischen der klaren Aussage, was falsch ist oder was sich ändern muss, und der sanften Art und Weise, wie man die Botschaft vermittelt.

Es gibt noch andere Kommunikationsstile, die Kinder bei der Übermittlung von Botschaften verwenden, nämlich die passive und die aggressive Kommunikation. Passive Kommunikation bedeutet, dass man es vermeidet, Gedanken und Gefühle auszudrücken, aus Angst, von anderen beurteilt oder verletzt zu werden. Ein Kind, das in erster Linie passiv ist, wird seine Gefühle unterdrücken und es zulassen, dass verletzende Situationen unausgesprochen bleiben. Wenn diese Gefühle den Siedepunkt erreichen, kann es zu einem unerwarteten Gefühlsausbruch kommen, der in keinem Verhältnis zu dem Ereignis steht, das ihn eigentlich ausgelöst hat.

Passive Kommunikation kann Ihr Kind auf folgende Weise beeinflussen:

- es hat vielleicht Angst, für sich selbst einzustehen.

- es erlaubt anderen, seine Grenzen zu überschreiten.

- es hat Schwierigkeiten, seine Bedürfnisse zu äußern.

- es kann leise sprechen oder sich unnötig entschuldigen.

- es vermeidet den Blickkontakt und gehen mit einer zusammengesunkenen Körperhaltung.

Aggressive Kommunikation treibt das Durchsetzungsvermögen auf die Spitze. Die Gemeinsamkeit ist, dass beide Kommunikationsstile offen und entgegenkommend sind, wenn es darum geht, Bedürfnisse geltend zu machen. Allerdings mangelt es bei der aggressiven Kommunikation an Einfühlungsvermögen und Rücksichtnahme. Ein aggressives Kind kann z. B. schnell seine verletzten Gefühle zum Ausdruck bringen, aber auf eine Weise, die auch die andere Person verletzt. Wenn ein Kind ihm eines seiner Spielsachen wegnimmt, reagiert es beispielsweise damit, dass es dieses umstößt, anschreit oder ihm das Spielzeug wegnimmt. Diese Handlungen erfolgen in der Regel in der Hitze des Gefechts, ohne dass sie über die Folgen ihres Handelns nachdenken.

Aggressive Kommunikation kann Ihr Kind auf folgende Weise beeinflussen:

- es kann dazu neigen, andere zu dominieren (z. B. darauf zu bestehen, das Sagen zu haben).

- es nutzt Demütigungen wie Beschimpfungen oder Mobbing, um andere zu kontrollieren.

- es neigt dazu, sich sehr schnell aufzuregen und impulsiv zu reagieren.

- es neigt dazu, laut zu sprechen und andere zu überstimmen.

- es ist nicht in der Lage, zuzuhören und zu berücksichtigen, woher die andere Person kommt.

Selbstbewusste Kommunikation ermöglicht es Ihrem Kind, Probleme anzusprechen, ohne die Qualität seiner Beziehungen zu gefährden. Es ist in der Lage, sich in die Situation der anderen Person hineinzuversetzen und eine Lösung zu finden, die für beide am besten geeignet ist.

DESO Selbstbehauptungsskript

Konflikte sind ein natürlicher Bestandteil von Beziehungen, und es ist wichtig, Ihr Kind auf diese unvermeidlichen Ereignisse vorzubereiten, die zu Hause oder in der Schule auftreten können. Betonen Sie die Tatsache, dass es nicht falsch ist, mit anderen Menschen in Konflikt zu geraten, aber die Art und Weise, wie ein Konflikt ausgetragen wird, kann manchmal inakzeptabel sein. So ist es beispielsweise inakzeptabel, einen Konflikt durch Schläge oder Beschimpfungen zu lösen, da dies anderen Menschen Schmerzen zufügt. Besser ist es, einen Konflikt zu lösen, indem man seine Bedenken selbstbewusst äußert und diskutiert, was man anders machen kann.

DESO steht für "beschreiben, ausdrücken, spezifizieren, Ergebnis". Es ist eine Technik, die Ihrem Kind helfen kann, mitzuteilen, wie es sich durch das unerwünschte Verhalten anderer beeinträchtigt fühlt, und zu erklären, wie es in Zukunft behandelt werden möchte. Indem es diese Vorgehensweise befolgt, ist es in der Lage, der anderen Person den Vorteil des Zweifels zuzugestehen (da jeder Fehler macht), es aber dennoch für sein zukünftiges Verhalten verantwortlich zu machen. Im letzten Schritt, dem "Ergebnis", werden beispielsweise die Konsequenzen aufgezeigt, wenn sich das Verhalten der anderen Person nicht ändert.

Diese Technik mag bei Jungen im Teenageralter erfolgreicher sein, da sie reifer sind und ihre Bedürfnisse erkennen und über ihre eigenen Erfahrungen nachdenken können. Dennoch kann es unangenehm sein, sich anderen auf diese Weise zu öffnen, und sie brauchen vielleicht viel Übung vor dem Spiegel oder mit einer anderen Person, um sich auf diese Art von Gesprächen vorzubereiten.

Nachfolgend finden Sie die Schritte zum Üben des DESO-Ablaufs:

1. Beschreiben Sie Ihre Bedenken oder was Sie nicht schätzen

Der erste Schritt besteht darin, die Situation - oder in den meisten Fällen das Verhalten - zu beschreiben, die Sie verärgert hat. Wichtig ist, dass Sie sich an die Fakten halten, da diese nicht bestritten werden können. Erwähnen Sie, was Sie gesehen oder gehört haben, das Sie beunruhigt hat.

Eine Aussage wie "Du bist in mein Zimmer gegangen, ohne mich um Erlaubnis zu fragen" ist ein gutes Beispiel dafür, wie Sie Ihr Anliegen beschreiben können. Sie konzentriert sich auf die Handlungen und nicht auf die Person und wird objektiv kommuniziert.

2. Drücken Sie aus, wie Sie sich durch das Verhalten fühlen

Der zweite Schritt besteht darin, auszudrücken, wie Sie sich in der Situation oder bei dem Verhalten gefühlt haben. Wichtig ist, dass Sie sich Ihre emotionale Erfahrung zu eigen machen.

Nehmen Sie sich etwas Zeit, um darüber nachzudenken, welche Gefühle ausgelöst wurden und welche Auswirkungen dies hatte. Verwenden Sie Ausdrücke wie "Ich fühle", um dem anderen zu zeigen, dass Sie sich Ihrer Gefühle bewusst sind und diese voll und ganz zugeben. Wenn Sie z. B. zum Ausdruck bringen, wie Sie sich fühlen, wenn jemand unerlaubt Ihr Zimmer betritt, könnten Sie sagen: "Ich bin wütend, weil mein Zimmer mein sicherer Ort ist."

Eine weitere wichtige Überlegung ist, nicht von den Absichten der anderen Person auszugehen. Gehen Sie zum Beispiel nicht davon aus, dass die Person ihre Handlungen in der Absicht vorgenommen hat, Ihnen absichtlich zu schaden. Oftmals handeln Menschen, ohne über die Folgen ihres Handelns nachzudenken; deshalb ist es gut, wenn man anderen einen Vertrauensvorschuss gewährt.

3. Geben Sie das alternative Verhalten an, das Sie wünschen

Der dritte Schritt besteht darin, die alternativen Verhaltensweisen zu benennen, die Sie sich wünschen, um das unerwünschte Verhalten zu korrigieren. Wenn Sie alternative Verhaltensweisen vorschlagen, achten Sie auf die Wahl der Worte, die Sie wählen. Denken Sie daran, dass es sich nicht um eine Forderung, sondern um eine Bitte handelt. Wenn Sie sagen: "Komm nicht mehr in mein Zimmer!", ist das eine Aufforderung, keine Bitte. Die Bitte sollte lauten: "Bitte frag mich erst, bevor du mein Zimmer betrittst".

Stellen Sie sicher, dass die Verhaltensalternative realistisch und leicht zu befolgen ist. Jemandem zu sagen, er solle eine Begründung mit 300 Wörtern schreiben, bevor er Ihr Zimmer betritt, ist weder realistisch noch leicht zu befolgen. Die Anweisung muss direkt sein, aber auch Rücksicht auf die Zeit und Energie der anderen Person nehmen.

4. (Ergebnis) Legen Sie die Konsequenzen fest, wenn sich das Verhalten nicht ändert

Der letzte Schritt besteht darin, die Konsequenzen festzulegen. Dieser Schritt ist entscheidend, um die andere Person für ihr neues Verhalten verantwortlich zu machen. Wenn er beispielsweise sein Verhalten Ihnen gegenüber nicht ändert, muss er wissen, was passieren wird. Sie können die "Wenn...dann..."-Technik verwenden, um die Konsequenzen zu erklären. Zum Beispiel: "Wenn du noch einmal mein Zimmer betrittst, ohne mich um Erlaubnis zu fragen, dann werde ich nicht mehr mit dir Videospiele spielen."

Das Ziel einer Konsequenz ist nicht, der anderen Person Angst zu machen, sondern ihr zu zeigen, dass Sie es ernst meinen, wenn Sie Ihre Grenzen schützen. Um leere Drohungen zu vermeiden, sollten die Konsequenzen einfach und realistisch sein und in Ihrer Macht stehen, sie umzusetzen. Möglicherweise müssen die Eltern eingreifen und die Art der Konsequenzen, die ältere Geschwister jüngeren Geschwistern auferlegen, regeln, um sicherzustellen, dass kein Mobbing stattfindet.

Zusammenfassung - Kapitel Takeaways

- Symptome wie Impulsivität und Ablenkbarkeit erschweren es Jungen mit ADHS, ihre eigenen Gefühle zu verstehen und zu verarbeiten, ganz zu schweigen von dem Versuch, die Gefühle anderer zu verstehen.

- Dass sie keine Gelegenheit haben, andere zu bestätigen oder in Diskussionen angemessen zu reagieren, bedeutet jedoch nicht, dass sie sich nicht darum kümmern, wie sich andere fühlen. Jungen mit ADHS sind äußerst sensibel gegenüber anderen, aber sie wissen nicht immer, wie sie ihre Besorgnis ausdrücken und Unterstützung zeigen können.

- Die gute Nachricht ist, dass Sie damit beginnen können, die Empathiefähigkeit Ihres Kindes zu entwickeln, wenn es noch sehr jung ist, und zwar durch verschiedene Strategien, die ihm helfen, seine eigenen Emotionen zu erkennen und zu beschreiben und für die emotionalen Erfahrungen anderer sensibel zu sein.

- Außerdem können Sie Ihrem Kind beibringen, wie es zu Hause oder auf dem Spielplatz für sich selbst eintreten kann, ohne zu aggressivem Verhalten zu greifen. Dies kann durch selbstbewusste Kommunikation erreicht werden. Der Vorteil dieser Technik ist, dass sie darauf abzielt, Beziehungen zu stärken, anstatt sie zu zerstören. Es wird eine Lösung angestrebt, die es beiden Parteien ermöglicht, mit dem Wissen nach Hause zu gehen, wie sie einander besser behandeln können.

Das letzte Kapitel enthält Übungen, mit denen Ihr Kind selbstbewusste Kommunikationsfähigkeiten üben kann.

Kapitel 8:

Der positive Erziehungsansatz zur Bewältigung trotziger Verhaltensweisen

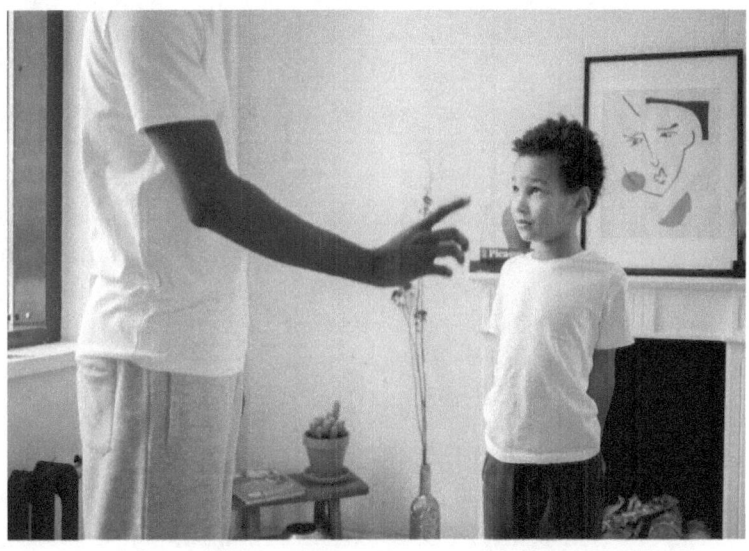

Versuchen Sie nicht, Ihr Kind zu perfektionieren, sondern versuchen Sie weiterhin, Ihre Beziehung zu ihm zu perfektionieren.
–Dr. Henker

Der Grund, warum sich Ihr Sohn daneben benimmt

Wie bereits in diesem Buch erwähnt, durchläuft jedes Kind mehrere Phasen, in denen es sich daneben benimmt. Wenn es nicht gerade die schrecklichen Zwillinge sind, ist es die Phase der Dreijährigen oder die Pubertät. Jungen mit ADHS sind anfälliger für Stimmungsschwankungen und "Ausraster" als Jungen ohne ADHS. Sie verhalten sich nicht anders als andere Kinder, aber sie werden möglicherweise häufiger mit Fehlverhalten erwischt.

Trotziges Verhalten gehört nicht zu den Symptomen von ADHS; wie der klinische Psychologe David Anderson argumentiert, kann es jedoch das Ergebnis negativer Muster sein, die nach jahrelangen Konflikten mit Erwachsenen gelernt wurden. Es ist bekannt, dass Kinder mit ADHS häufiger in Schwierigkeiten geraten als Kinder ohne ADHS. Untersuchungen haben gezeigt, dass Kinder mit ADHS bis zu ihrem 10. Lebensjahr 20.000 mehr negative Nachrichten erhalten haben als Kinder ohne ADHS (Jellinek, 2010).

Diese vielen negativen Interaktionen mit anderen, insbesondere mit Eltern und Lehrern, können dazu führen, dass Jungen mit ADHS um sich schlagen und extreme Maßnahmen ergreifen, um sich zu schützen. Man kann sich diese impulsiven Reaktionen als Schutz vor weiterer Kritik vorstellen. Jungen, die eher introvertiert sind, können ihre Wut verinnerlichen und Vermeidungsverhaltensweisen entwickeln, wie z. B. Schweigen, Vermeiden von Interaktionen mit anderen Menschen, Aufschieben oder passiv-aggressives Verhalten (d. h. vor jemandem kooperativ sein, aber hinter dessen Rücken missbilligen).

Dr. Anderson meint: "Wenn man von klein auf gesagt bekommt, dass das eigene Verhalten falsch ist oder nicht dem entspricht, was ein Kind tun sollte, verinnerlicht man es entweder und denkt: 'Mit mir stimmt wirklich etwas nicht', oder man reagiert aggressiv auf die Menschen, die einem sagen, dass man falsch ist" (Miller, 2023).

Zum Leidwesen der Eltern lernen Jungen mit ADHS schnell, dass sie mit ihrem Vermeidungsverhalten die Aufmerksamkeit ihrer Eltern erlangen können. Wenn ein Kind weint, weil es sich weigert, seine Hausaufgaben zu erledigen, wissen sie, dass der Zielpfosten verschoben wird. Anstatt zu erwarten, dass es eine ganze Aufgabe erledigt, bitten die Eltern es vielleicht, die erste Seite zu machen, und der Rest wird erledigt. Oder wenn ein Teenager in einen Machtkampf darüber gerät, wann er wieder zu Hause sein muss, weiß er, dass seine Eltern mit ein wenig mehr Streiterei schließlich seinen Forderungen nachgeben werden.

Deshalb ist es wichtig, dass Eltern die Herausforderungen ihrer Kinder mitfühlend betrachten, aber im gleichen Atemzug trotzige Verhaltensweisen ansprechen, um ihren Kindern zu zeigen, wie sie ihre Bedürfnisse mitteilen, ihre Gefühle ausdrücken und Bedingungen aushandeln können.

Traditionelle Bestrafung wird nicht funktionieren

Nicht jede Form der Disziplinierung wird bei Ihrem Kind funktionieren, vor allem, wenn Sie erst spät damit beginnen (wenn Ihr Kind bereits seine eigenen Vorstellungen und Überzeugungen über die Welt entwickelt hat). Da Kinder mit ADHS außerdem eher zu negativen Interaktionen mit Erwachsenen neigen, können sie Probleme mit Autoritäten entwickeln, z. B. indem sie alles, was ihnen von Eltern oder Lehrern gesagt wird, verdrängen oder herunterspielen.

Eine Form der Disziplinierung, die mit Sicherheit nicht funktionieren wird, ist die traditionelle Bestrafung, d. h.

Verhaltensmanagementstrategien, die seit Jahrhunderten angewandt werden, wie z. B. Schlagen, Isolieren oder Anschreien des Kindes.

Da Jungen mit ADHS so sehr daran gewöhnt sind, kritisiert zu werden, reicht Anschreien möglicherweise nicht aus, um ihr Verhalten zu ändern. In dem Moment, in dem Sie anfangen zu schreien, ziehen sie in der Regel ihre Abwehrkräfte an und blockieren Ihre Stimme. Verhaltenskorrekturen mit Aggression flößen nur Angst ein, und wenn Ihr Kind heranwächst, verliert es möglicherweise den Respekt vor Ihnen.

Traditionelle Formen der Bestrafung sind auch nicht geeignet, das Verhalten eines Kindes zu ändern, das sich ständig daneben benimmt. Wenn Sie beispielsweise Ihren kleinen Jungen mit ADHS jedes Mal, wenn er sich daneben benimmt, in die Auszeit schicken, kann es passieren, dass er fast den ganzen Tag in der Ecke sitzt. Dasselbe gilt für eine Ohrfeige, die Sie Ihrem Kind geben, wenn es sich daneben benimmt. Das Einzige, was es in diesem Moment wahrnimmt, ist der Schmerz und die Gewalt, nicht aber die wertvolle Lektion, die es lernen muss, um sich ermutigt zu fühlen, sich gut zu benehmen.

Eine weitere Gefahr bei der traditionellen Bestrafung ist, dass sie zu kurzfristigem Denken führt. Jedes Mal, wenn Ihr Kind sich daneben benimmt, gewöhnt es sich daran, die gleiche Konsequenz zu erhalten, ohne zu verstehen, wie sich sein Verhalten auf andere auswirkt und wie es sich beim nächsten Mal verbessern kann. Es wird lediglich mitgeteilt, dass Ihr Kind sich falsch verhalten hat, aber es wird nicht erklärt, warum es sich falsch verhalten hat und wie das "richtige" Verhalten aussieht.

Um das Verhalten Ihres Kindes wirksam zu korrigieren, müssen Sie vielleicht auf moderne Formen der Disziplinierung zurückgreifen, die sich darauf konzentrieren, positive Verhaltensweisen zu lehren und zu verstärken, anstatt negative

Verhaltensweisen zu bestrafen. Diese Form der Disziplinierung ist sanft und nimmt Rücksicht auf die Empfindlichkeit Ihres Kindes gegenüber Kritik, setzt aber dennoch Erwartungen an das Verhalten Ihres Kindes (und macht es dafür verantwortlich).

Fünf Arten der positiven Disziplinierung

Disziplin ist eine der wichtigsten Erziehungsaufgaben, die nicht vernachlässigt werden darf. Denn was Kinder über die Welt und den Umgang mit anderen lernen, wird ihnen zu Hause beigebracht. Eltern haben jeden Tag unzählige Gelegenheiten, gesellschaftlich akzeptable Verhaltensweisen zu verstärken und ihre Kinder von gesellschaftlich inakzeptablen Verhaltensweisen abzubringen, damit ihre Kinder, wenn sie in die Welt hinausgehen, Vertrauen in sich selbst haben, um Beziehungen aufzubauen und sich in verschiedenen sozialen Umgebungen zurechtzufinden.

Die Erfahrung, Ihr Kind zu disziplinieren, muss nicht negativ sein oder Ihre Beziehung belasten. Wenn Sie die Definition von Disziplin bedenken, die laut Oxford Learner's Dictionaries (2023) "eine Methode zur Schulung des Geistes oder des Körpers oder zur Kontrolle des Verhaltens" ist, dann werden Sie sehen, dass sie tatsächlich gut für Ihr Kind sein und möglicherweise Ihre Beziehung stärken kann.

Um die besten Ergebnisse bei der Disziplinierung zu erzielen, kann es notwendig sein, Ihren derzeitigen Ansatz zu überprüfen. Wenden Sie immer noch veraltete Formen der Disziplin an, die auf Bestrafung ausgerichtet sind und nicht auf schlechtes Verhalten abzielen? Neigen Sie dazu, hart oder aggressiv zu sein, wenn Sie ein Verhalten korrigieren? Oder liegt Ihr Problem in der fehlenden konsequenten Disziplin, die Ihr Kind zu Machtkämpfen verleitet? Machen Sie sich klar, was Sie möglicherweise falsch machen, was es schwierig macht, das Verhalten Ihres Kindes zu ändern. Wenn Sie der Meinung sind, dass Sie alles richtig machen, aber trotzdem nicht zu Ihrem Kind durchdringen können, ist es vielleicht notwendig, es auf ODD untersuchen zu lassen.

Wenn Sie festgestellt haben, wo es noch Verbesserungsmöglichkeiten gibt, können Sie mit modernen Formen der Disziplinierung experimentieren, die darauf abzielen, erwünschte Verhaltensweisen zu fördern und gleichzeitig die Konzentration auf negative Verhaltensweisen zu minimieren. Im Folgenden finden Sie fünf Arten von positiver Disziplin, die bei Kindern mit Behinderungen sehr wirksam sind:

Grenzüberschreitende Disziplin

Kinder brauchen ein strukturiertes Umfeld, um sich sicher zu fühlen. Ohne dieses Umfeld lernen sie vielleicht nicht, sich selbst zu regulieren. Allen Kindern ist jedoch gemeinsam, dass sie die von Ihnen gesetzten Grenzen austesten, um zu sehen, wie viel sie sich erlauben können.

Dies geschieht nicht, um Ihre Regeln zu untergraben, sondern um selbst herauszufinden, wo die Grenzen liegen und wie akzeptables und inakzeptables Verhalten tatsächlich aussieht. Sie können zum Beispiel eine Regel aufstellen, dass niemand im Haus schreien darf. Ihr kleiner Junge denkt sich vielleicht: "Ich frage mich, was passieren würde, wenn ich im Haus schreien würde." Vielleicht schreit er und beobachtet, was Sie daraufhin tun werden.

Bei der Disziplinierung auf der Grundlage von Grenzen geht es darum, Ihrem Kind die Grenzen, die Sie ihm gesetzt haben, klar zu vermitteln und es dafür zur Verantwortung zu ziehen. Diese Grenzen werden immer dann durchgesetzt, wenn ein Kind sich falsch verhält, und wenn es sein Verhalten nicht korrigiert, führt dies zu natürlichen oder vorher festgelegten Konsequenzen. Wenn Sie zum Beispiel Ihr Kind im Haus schreien hören, gehen Sie ruhig auf es zu, setzen sich auf seine Höhe und erinnern es an die Regel.

Sie könnten sagen: "Wir schreien nicht im Haus. Bitte benutze deine sanfte Stimme, sonst wird es Konsequenzen haben. Wenn es sehr willensstark ist, schreit es vielleicht noch einmal, um zu sehen, ob die Konsequenzen echt oder vorgetäuscht sind. Mit dem gleichen ruhigen Auftreten gehen Sie dann wieder auf das Kind zu, erklären ihm, was es falsch gemacht hat, und sprechen sofort eine Konsequenz aus. Sie könnten zum Beispiel sagen: "Ich habe dir gesagt, dass wir im Haus nicht schreien, aber du hast weiter geschrien. Ich nehme dir jetzt 10 Minuten Spielzeit weg."

Sanfte Disziplinierung

Sanfte Disziplin bedeutet, ein Umfeld zu schaffen, das gutes Verhalten fördert. Dazu gehören vorbeugende Maßnahmen, die sicherstellen, dass die Bedürfnisse und das Wohlbefinden Ihres Kindes berücksichtigt werden. Ein gutes Beispiel ist die Schaffung von Routinen, die sicherstellen, dass Ihr Kind genügend Schlaf, aktives Spiel, geistige Anregung und positive Interaktionen mit anderen bekommt. Wenn Sie die sensorischen Auslöser Ihres Kindes kennen, sollten Sie auch dafür sorgen, dass diese überwacht oder von Ihrem Kind ferngehalten werden.

Um Machtkämpfe zu vermeiden, könnten Sie auch die Art und Weise, wie Sie mit Ihrem Kind kommunizieren, anpassen. Anstatt harsch mit ihm zu sprechen, sollten Sie Ihr Tempo verlangsamen, leiser sprechen und Ihre Gesichtsmuskeln entspannen. Sie werden immer noch in der Lage sein, Grenzen zu setzen und Konsequenzen durchzusetzen, aber Ihre Botschaft klingt beruhigender und wird mit größerer Wahrscheinlichkeit eine positive Reaktion hervorrufen.

Bei sanfter Disziplin geht es auch darum, Einfühlungsvermögen zu zeigen und die Bedürfnisse Ihres Kindes zu erkennen. Wenn Sie bemerken, dass Ihr Kind überdreht ist und im Haus ein Chaos anrichtet, könnte das ein Zeichen dafür sein, dass es Energie abbauen muss. Ohne die Unordnung zu erwähnen, die Ihr Kind verursacht hat, sollten Sie seine Aufmerksamkeit erregen und es zu einem lustigen Spiel draußen einladen. Diese Strategie zielt darauf ab, stressige Situationen zu entschärfen, indem das zugrunde liegende Problem angegangen wird.

Positive Disziplinierung

Das ADHS-Gehirn sucht nach Belohnungen und vermeidet jede Form der Bestrafung. Wenn Sie sich zu sehr darauf konzentrieren, was Ihr Kind falsch macht, kann es sich bestraft fühlen. Es könnte frustriert sein, weil es nicht in der Lage ist, Ihren Ansprüchen gerecht zu werden. Das Loben positiver Verhaltensweisen hat jedoch eine andere Wirkung. Wenn Ihr Kind gelobt wird, kann dies ein sehr befriedigendes Gefühl sein und Wunder für sein Selbstwertgefühl bewirken. Danach ist es motiviert, alles zu tun, was nötig ist, um das gleiche angenehme Gefühl zu erzeugen, was es ermutigt, schlechtes Verhalten selbst zu korrigieren und sein Bestes zu tun, um sich gut zu benehmen.

Bei positiver Disziplin geht es darum, das Verhalten durch positive Verstärkung zu ändern. Beispiele für positive Verstärkung sind ein echtes Kompliment für Ihr Kind, eine Belohnung für gute Fortschritte und eine Aufmunterung, wenn es sich schlecht fühlt. Wenn Ihr Kind sich daneben benimmt, können Sie dies zum Anlass nehmen, auf Ihr Kind zuzugehen, es zu fragen, wie es sich fühlt und was es zu diesem Verhalten veranlasst hat. Gemeinsam können Sie an einer Lösung für das zugrunde liegende Problem arbeiten, damit es in Zukunft nicht mehr vorkommt.

Gefühls-Coaching

Manchmal benehmen sich Kinder daneben, weil sie starke Gefühle unterdrücken und nach Möglichkeiten suchen, ihre Gefühle auszudrücken. So kann ein Kind, das einen Wutanfall bekommt, einfach nur versuchen, Ihre Aufmerksamkeit zu bekommen, weil es sich vernachlässigt fühlt. Beim Emotionscoaching geht es darum, Ihrem Kind beizubringen, wie es seine Gefühle erkennen und ausdrücken kann, damit Sie auf seine Bedürfnisse eingehen können.

Die Anwendung dieser Methode setzt voraus, dass Sie zunächst Ihre eigenen Emotionen und Auslöser erforschen und verstehen lernen. Es wird Ihnen viel leichter fallen, mit Ihrem Kind über Emotionen zu sprechen, wenn Sie sich öffnen und verschiedene Gefühle zulassen können. Ihr Kind wird sich auch wohler fühlen, wenn es in Ihrer Nähe verletzlich ist, wenn es sieht, dass Sie besser auf es eingehen können.

Vielleicht müssen Sie auch Ihr Einfühlungsvermögen für Ihr Kind verbessern. Anstatt erwachsene Erwartungen an Ihr Kind zu stellen, sollten Sie ihm klarmachen, dass es noch lernt, sich richtig zu verhalten, Manieren zu zeigen oder mit gesundem Menschenverstand zu denken. Was für Sie selbstverständlich ist, ist es für Ihr Kind noch lange nicht, und vielleicht müssen Sie geduldig sein, während es lernt, sich richtig zu verhalten. Loben Sie das Bemühen Ihres Kindes, auch wenn es nur kleine Änderungen an seinem Verhalten vornimmt, und weisen Sie es nur langsam auf Fehler hin.

Änderung von Verhaltensweisen

Ähnlich wie bei der auf Grenzen basierenden Disziplin wird bei der Verhaltensmodifikation versucht, das Verhalten zu korrigieren, indem Grenzen gesetzt und Konsequenzen durchgesetzt werden. Der Unterschied besteht jedoch darin, dass der Schwerpunkt auf Warnungen und Belohnungen gelegt wird. Nachdem Sie beispielsweise eine Grenze gesetzt haben, sprechen Sie mehrere Warnungen aus (nicht mehr als drei), von denen eine ernster klingt als die andere, um Ihrem Kind die Möglichkeit zu geben, sein Verhalten zu korrigieren. Ziel ist es, dem Kind beizubringen, dass es selbst dafür verantwortlich ist, schlechtes Verhalten abzustellen.

Ein Beispiel ist die Aufforderung an Ihr Kind, sein Spielzeug mit dem jüngeren Geschwisterkind zu teilen, da Sie es ihm sonst wegnehmen. Machen Sie dem Kind klar, dass dies die erste Warnung ist. Wenn es sich nicht selbst korrigiert, wiederholen Sie die Grenze in einem ernsteren Ton und sagen Sie ihm, dass Sie ihm das Spielzeug wegnehmen werden, wenn es sein Verhalten nicht ändert. Wenn es dann immer noch nicht aufhört, gehen Sie wortlos hinüber und führen die Konsequenz durch.

Belohnungen hingegen werden eingesetzt, um gutes Verhalten zu fördern. Wann immer Sie Ihr Kind dabei erwischen, wie es eine Regel befolgt, fleißig an einer Aufgabe arbeitet oder gute zwischenmenschliche Fähigkeiten zeigt, loben Sie es mit Worten, körperlicher Berührung oder sogar mit greifbaren Belohnungen. Sie können auch Belohnungen einsetzen, wenn Ihr Kind sein schlechtes Verhalten erfolgreich selbst korrigiert hat. Sie könnten sagen: "Danke, dass du dein Spielzeug geteilt hast. Ich bin wirklich stolz auf dich!"

Zusammenfassung - Kapitel Takeaways

• Es ist normal, dass sich Kinder daneben benehmen; Kinder mit ADHS neigen jedoch häufiger zu Verhaltensauffälligkeiten. Das hat damit zu tun, dass sie auf belohnende Aufgaben bestehen und sich gegen Aufgaben wehren, die sie als "Strafe" empfinden, wie z. B. Regeln zu befolgen, Hausaufgaben zu machen, im Unterricht ruhig zu sein usw.

• Kinder mit ADHS werden häufiger kritisiert als Kinder ohne ADHS, was dazu führen kann, dass sie empfindlicher auf Kritik reagieren und negative

Verhaltensmuster entwickeln, z. B. schreien, wenn sie sich angegriffen fühlen.

- Auf das Fehlverhalten Ihres Kindes mit Aggression oder veralteten Formen der Bestrafung zu reagieren, ist nicht der beste Weg, um sein Verhalten zu korrigieren. Es ist nämlich so sehr daran gewöhnt, in Schwierigkeiten zu geraten, dass es durch weitere Bestrafungen nichts Neues lernt.

- Ein besserer Ansatz ist die Anwendung moderner Formen der Disziplinierung, die darauf abzielen, zu verstehen, was Ihr Kind durchmacht, wie man auf die zugrundeliegenden Bedürfnisse reagiert und es durch positive Verstärkung motiviert, sein Verhalten freiwillig zu verbessern.

- Um mit diesen modernen Formen der Disziplinierung die besten Ergebnisse zu erzielen, sollten Sie zunächst prüfen, welche veralteten Erziehungsstrategien Sie möglicherweise anwenden, die bei Ihrem Kind nicht gut ankommen. Genauso wie Ihr Kind noch wachsen kann, können auch Sie daran arbeiten, ein einfühlsameres, aufmerksameres und ermutigenderes Elternteil zu sein.

Kapitel 9:

Machen Sie eine große Sache aus den Belohnungen

Kinder, die es gewohnt sind, gut behandelt zu werden, verinnerlichen diese Behandlung und haben ein dauerhaftes Gefühl des Wohlbefindens.
–Victoria Secunda

Ihr Kind sehnt sich nach mehr Motivation

Ein neurotypisches Kind kann sich darauf trainieren, sich auf Aufgaben mit wenig oder gar keiner Motivation zu konzentrieren. Es mag sich über die Schwierigkeit der Aufgabe beschweren, aber es schafft es, sich durchzukämpfen. Bei einem Kind mit ADHS ist das nicht der Fall.

Da das ADHS-Gehirn Schwierigkeiten hat, sich selbst zu regulieren, benötigt es viel mehr Anreize, um sich zu konzentrieren oder eine bestimmte Aufgabe zu erledigen. Am besten lernt Ihr Kind beispielsweise Informationen mit Hilfe von Schautafeln, Videos oder anderen Dingen, die mehr Anregung bieten als das Lernen mit dem Papagei oder das Anfertigen endloser Notizen. Das Gleiche gilt, wenn Ihr Kind eine Aufgabe erledigen soll. Es würde es vorziehen, wenn Sie die Aufgabe als "lustige Herausforderung" statt als Routineaufgabe tarnen würden.

Der Grund, warum das ADHS-Gehirn so sehr nach Stimulation verlangt, ist das ständige Streben nach Dopamin, dem "Wohlfühl"-Hormon. Anders als typische Gehirne kann das ADHS-Gehirn keine langen Zeiträume ohne Aufregung überstehen. Vielleicht hängt dies mit der Hyperaktivität zusammen, aber eines ist sicher: Wenn es sich nicht gut anfühlt, ist die Wahrscheinlichkeit groß, dass das ADHS-Gehirn nicht allzu viel Enthusiasmus oder Hingabe zeigt.

Als Eltern eines Kindes mit ADHS ist es wichtig zu erkennen, dass Belohnungen kein Privileg für Ihr Kind sind, sondern eine Notwendigkeit. Wenn Sie die Menge an Stimulation, die Ihrem Kind geboten wird, oder die positive Verstärkung für gutes Verhalten einschränken, wird dies nur zu einem launischen, streitsüchtigen und unglücklichen Kind führen. Im Gegensatz zu Kindern ohne ADHS brauchen sie ständig Belohnungen, auch während des Arbeitsprozesses, und nicht erst am Ende. Kurzfristige Belohnungen sind einer der besten Anreize für ihr Gehirn, aufmerksam und konzentriert zu bleiben.

Allerdings kann der Dopaminrausch süchtig machen. Je mehr Stimulation Ihr Kind erhält, desto mehr verlangt es danach. Bei älteren Kindern kann dies dazu führen, dass sie mit riskanten oder selbstzerstörerischen Aktivitäten experimentieren, die einen unglaublichen "Rausch" auslösen und letztlich zu Abhängigkeiten führen. Belohnungen sollten daher von der

Ausführung positiver und gesunder Verhaltensweisen abhängig gemacht werden, damit Ihr Kind lernt, dass ein gesunder Lebensstil ein angenehmes Gefühl ist.

Wie man ein Belohnungssystem einrichtet

Wenn Sie regelmäßig Belohnungen verteilen wollen, lohnt es sich, ein System zu entwickeln, mit dem Sie das Verhalten Ihres Kindes überwachen und jede Gelegenheit nutzen können, es für sein gutes Verhalten zu loben. Ein Belohnungssystem kann auch für mehr Struktur und Vorhersehbarkeit sorgen, wann und wie Belohnungen vergeben werden. Mit anderen Worten: Sie können sich darüber im Klaren sein, für welche Verhaltensweisen sie regelmäßig belohnt werden.

Es gibt drei Schritte, die Sie befolgen können, um ein Belohnungssystem zu Hause einzurichten:

1. Identifizieren Sie wichtige Verhaltensweisen

Der erste Schritt besteht darin, eine Liste von Verhaltensweisen aufzuschreiben, die Sie gerne verstärkt sehen würden. Vielleicht gibt es ein paar Verhaltensweisen, mit denen Ihr Kind Schwierigkeiten hat, z. B. sich selbst zu beruhigen oder mit anderen zu kooperieren. Auf diese Verhaltensweisen sollten Sie Ihre Belohnungen ausrichten, da sie Ihr Kind ermutigen, sich seiner Handlungen bewusster zu werden.

Seien Sie klar und deutlich bei den Verhaltensweisen, die Ihr Kind für eine Belohnung qualifizieren. Zum Beispiel ist "leise sein" eine vage Erwartung und gibt Ihrem Kind nicht genügend Anhaltspunkte. Eine bessere Erwartung wäre "mit leiser Stimme zu sprechen, wenn Mami telefoniert".

2. Wählen Sie Belohnungen, die wichtig sind

Ihr Kind ist vielleicht fasziniert von der Möglichkeit, sich Belohnungen zu verdienen, aber nur, wenn sich diese Belohnungen auch lohnen. Denken Sie daran, dass das Gehirn Ihres Kindes ständig auf der Suche nach Dopamin-aktivierenden Erfahrungen ist. Daher müssen die Belohnungen, die Sie anbieten, spannend und besonders sein. Wenn Sie Ihrem Kind beispielsweise 20 Minuten mehr Spielzeit geben, wird es sich nicht wirklich belohnt fühlen, da es kein Zeitgefühl hat wie Erwachsene. Eine spannendere Belohnung wäre ein Ausflug in den Park oder ins Museum. Jedes Kind verspürt ein Gefühl des Abenteuers, wenn es das Haus verlässt und die Stadt erkundet, und diese Art der Belohnung wird sich sicherlich gut anfühlen.

Sie können auch über anregende Aktivitäten nachdenken, die Ihr Kind begeistern, wie z. B.:

- einen Spielgefährten haben

- fernsehen

- keine Hausarbeit machen müssen

- sich aussuchen können, was es am Wochenende essen will

- einen Freizeitpark besuchen

- ihre Lieblingseisdiele besuchen

- zusätzliches Taschengeld verdienen

Vermeiden Sie Belohnungen, die "zu schön sind, um wahr zu sein" oder die auf Dauer nicht zu halten sind. Zum Beispiel ist das Versprechen eines Flügels für eine "Eins" in einem Mathetest einfach zu schön, um wahr zu sein. Außerdem besteht die Gefahr, dass Ihr Kind denkt, dass es jedes Mal, wenn es eine Eins in einem Mathetest bekommt, Anspruch auf ein weiteres kostspieliges Geschenk hat! Sie wollen vermeiden, dass Ihr Kind sich Hoffnungen macht und Sie dann nicht halten können, was Sie versprochen haben. Überlegen Sie daher bei der Auswahl der Belohnungen, wie viel Zeit, Geld und Mühe Sie bereit sind, kontinuierlich zu investieren, ohne sich überfordert zu fühlen.

3. Setzen Sie Ihr Belohnungssystem durch

Schließlich wird es Ihre Aufgabe sein, das Belohnungssystem durchzusetzen. Doch bevor Sie das tun, besprechen Sie die bevorstehenden Änderungen mit Ihrem Kind. Lassen Sie es wissen, dass Sie ein neues System einführen werden, das es für gutes Verhalten belohnt. Erklären Sie, auf welche Verhaltensweisen Sie achten werden und welche Arten von Belohnungen es geben kann.

Erklären Sie, wie die Belohnungen Schritt für Schritt vergeben werden. Zum Beispiel kann es sich für ein einziges Token (das gegen eine greifbare Belohnung eingetauscht werden kann) qualifizieren, wenn es dreimal pro Woche dasselbe wünschenswerte Verhalten wiederholt. Verwenden Sie verschiedene Hilfsmittel, um zu veranschaulichen, wie das Belohnungssystem funktioniert, z. B. Bilder, Diagramme, Leitern und Pyramiden.

Schließlich können Sie auch entscheiden, wie Sie unerwünschtes Verhalten mit Hilfe Ihres Belohnungssystems ansprechen wollen. Wenn Ihr Kind zum Beispiel gegen eine der Hausregeln verstößt, können Sie als Konsequenz einen Punktabzug in Erwägung ziehen. Wenn Sie an dieser Art von Struktur interessiert sind, sollten Sie unbedingt erklären, welche Arten von Fehlverhalten zum Punktabzug führen (auch hier sollten Sie sich auf die Verhaltensweisen konzentrieren, die Ihr

Kind dringend abstellen sollte). Bedenken Sie, dass ein Punktabzug für negatives Verhalten je nach Kind als Strafe empfunden werden kann.

ADHD-Verhaltensdiagramme

Eine Verhaltenstafel ist eine Art Belohnungssystem, das sich für Vorschulkinder eignet. Es handelt sich um eine visuelle Darstellung wünschenswerter Verhaltensweisen, die Ihr Kind für Belohnungen qualifizieren. Der Grund, warum dieses System für kleine Kinder so effektiv ist, liegt darin, dass es so einfach zu befolgen ist. Studien haben gezeigt, dass diese Diagramme das störende Verhalten im Zusammenhang mit ADHS wirksam reduzieren (Aly, 2021).

Lassen Sie sich bei der Gestaltung Ihres Diagramms im Internet inspirieren. Drucken Sie die Tabelle auf einem großen Blatt Papier aus (Sie können einen Schritt weiter gehen und die Tabelle laminieren, damit sie länger hält). Die Tabelle sollte visuell anregend (d. h. mit vielen Farben und Fotos) und leicht zu lesen sein.

Wenn Ihr Kind zum Beispiel noch nicht lesen kann, sollten Sie erwünschtes Verhalten in kurzen und einfachen Sätzen beschreiben. Anstelle von "Hausaufgaben erledigt" können Sie schreiben: "Ich habe meine Hausaufgaben erledigt". Jedes Mal, wenn Ihr Kind ein gewünschtes Verhalten zeigt, erhält es einen Aufkleber. Wenn es eine bestimmte Anzahl von Aufklebern gesammelt hat, darf es sich eine Belohnung aus der Liste aussuchen.

Token-Ökonomie

Die Token-Ökonomie eignet sich gut für ältere Kinder, die keine Bilder oder einfachen Tabellen brauchen, um ihr

Belohnungssystem zu verstehen. Dabei wird erwünschtes Verhalten mit Wertmarken belohnt, die als "Währung" dienen und gegen materielle Belohnungen eingetauscht werden können. Die Wertmarken können digital (z. B. indem die Anzahl der verdienten Wertmarken in eine Tabelle eingetragen wird) oder greifbar (z. B. mit Aufklebern, Murmeln oder Holzchips) sein.

Der Vorteil eines Wertmarkensystems besteht darin, dass das Verhalten Ihres Kindes täglich überwacht werden kann und es so kontinuierlich positiv bestärkt wird. Es kann zum Beispiel eine Wertmarke erhalten, wenn es daran denkt, seine Schultasche zu packen, sein Bett zu machen, seine Hausaufgaben zu erledigen, sobald es von der Schule nach Hause kommt, usw. Das bedeutet auch, dass es mehrere Gelegenheiten zum Einlösen von Gutscheinen hat, wenn es eine Gelegenheit verpasst, einen Gutschein zu verdienen.

Um die Motivation Ihres Kindes aufrechtzuerhalten, muss es einen Punkt geben, an dem es seine Wertmarken gegen einen greifbaren Preis eintauschen kann. Am besten setzen Sie sich mit Ihrem Kind zusammen und verhandeln mit ihm, wann dieser Punkt erreicht ist, damit Sie beide auf derselben Seite stehen. Wenn Ihr Kind z. B. an mehreren Stellen des Tages Wertmarken sammelt, können Sie beschließen, es am Ende des Tages mit einer Belohnung seiner Wahl zu belohnen, z. B.:

- 15 Minuten Bildschirmzeit am Abend

- Nachtisch nach dem Abendessen

- Leckerei nach Wahl in der Lunchbox

- Kontrolle über die Musikwiedergabe im Auto auf dem Weg zur Schule

- drei Runden eines Videospiels mit einem Elternteil spielen

Wenn Sie sich dafür entscheiden, sie am Ende der Woche zu belohnen, können Sie die folgenden Belohnungen in Betracht ziehen:

- gemeinsam backen

- ihr Lieblingsbrettspiel spielen

- Ausgehen in das Lieblingsrestaurant

- einen freien Tag von der Hausarbeit

- einen Freund zu sich einladen

Ältere Kinder haben mehr Selbstkontrolle als jüngere, und sie können beschließen, ihre Wertmarken für eine große Belohnung zu sparen, die es erst nach einem oder mehreren Monaten gibt. Sie beide müssen entscheiden, was die große Belohnung sein soll und wie viele Jetons Ihr Kind dafür verdienen muss. Hier sind ein paar Beispiele für große Belohnungen:

- den Kauf eines neuen Geräts wie eines Mobiltelefons

- neue Kleidung kaufen

- zusätzliches Geld verdienen (dies funktioniert gut, wenn Ihr Kind ein großes finanzielles Ziel hat)

Außerdem können Sie beide entscheiden, wie viele Wertmarken jedes gute Verhalten wert ist. Je wünschenswerter das Verhalten ist (z. B. Verhaltensweisen, die das Zeitmanagement und die Organisation verbessern), desto mehr Wertmarken kann Ihr Kind im Idealfall verdienen. Die Art der Belohnungen, für die es sich qualifiziert, kann auch davon abhängen, wie viele Token

Ihr Kind verdient hat. Zum Beispiel qualifizieren sich 0-50 Token für Belohnungen der "Stufe 1", 51-100 Token für Belohnungen der "Stufe 3" und so weiter.

Die Token-Wirtschaft kann auch auf schlechtes Verhalten durch positive Verstärkung abzielen. Anstatt den Kindern bei schlechtem Verhalten Wertmarken wegzunehmen (obwohl auch das akzeptabel ist), sollten sie am Ende des Tages Bonusmarken erhalten, wenn das Verhalten nicht praktiziert wurde. Um dieses Angebot attraktiver zu machen, sollten diese Bonusmarken die höchste Anzahl von Marken sein, die man für ein bestimmtes Verhalten bekommen kann (z. B. 10 Marken dafür, dass man nicht die Beherrschung verliert).

Im Folgenden finden Sie eine Vorlage, die Ihnen dabei hilft, den Überblick über die Token zu behalten, die Ihr Kind täglich verdient:

Zielverhalten	Häufigkeit der Überwachung	Verdiente Token
Aufwachen durch den Wecker um 06:30 Uhr morgens.	Kontrolle um 06:35 Uhr.	2
Packen einer Schultasche mit allen notwendigen Büchern und Aufgaben	Kontrolle, bevor das Kind ins Auto einsteigt	2
Erledigung der Hausarbeit am Nachmittag	Überprüfen, ob die Aufgaben erledigt sind, bevor es ins Bett geht	4

Zielverhalten	Häufigkeit der Überwachung	Verdiente Token
Bonus: Spricht nicht mit den Eltern und Geschwistern	Überwachen Sie Gespräche während des Tages	10
	Täglich insgesamt:	**0-18 Token/ Spielsteine**

Positive Verstärkung durch Lob

Lob ist eine wunderbare Möglichkeit, das Leben Ihres Kindes positiv zu beeinflussen und es dazu zu bringen, lobenswerte Verhaltensweisen zu wiederholen. Loben scheint einfach zu sein, aber die Wahrheit ist, dass man es auch falsch machen kann.

Wenn Sie Ihr Kind zum Beispiel zu sehr loben, indem Sie ihm für alles, was es tut, Komplimente machen, kann das kontraproduktiv sein. Ihre Worte, auch wenn sie ermutigend sind, können ihre Bedeutung verlieren, und wenn Sie sie hören, wird sich das Verhalten Ihres Kindes nicht wirksam ändern. Ein Beispiel wäre, wenn Sie nach jeder Aufgabe, die Ihr Kind erledigt, sagen: "Gut gemacht". Bei den ersten Gelegenheiten glaubt es vielleicht noch, dass es seine Sache gut gemacht hat, aber nach einer Weile klingt es zu allgemein.

Ein weiterer häufiger Fehler besteht darin, die angeborenen Fähigkeiten Ihres Kindes zu loben und nicht sein positives Verhalten. Wenn es zum Beispiel bei einem Test gut abschneidet, sagen Sie vielleicht: "Du bist so klug!" Oberflächlich betrachtet scheint das Lob seiner Fähigkeiten ermutigend zu sein, aber was passiert, wenn es beim nächsten Test schlecht abschneidet? Sie sagen sich, dass es entweder schlau ist oder nicht, und machen sein Selbstwertgefühl von seiner Leistung abhängig. Dies kann zu Versagensängsten, Perfektionismus oder Unsicherheiten führen.

Lob sollte sich auch auf die erzielten Fortschritte konzentrieren, nicht auf die erreichten Ergebnisse. Wenn Sie die kleinen Fortschritte Ihres Kindes bemerken, ermutigen Sie es, sich weiter zu verbessern. Es geht darum, sein Bestes zu geben, nicht darum, der Beste zu sein, was zählt. Letztlich müssen Kinder eine Wachstumsmentalität entwickeln, bei der sie ihr Leben als einen kontinuierlichen Lernprozess sehen. Wenn sie für ihre Meilensteine gelobt werden, egal wie klein sie sind, kann ihnen das helfen, ihre Widerstandsfähigkeit zu entwickeln.

Wenn es richtig gemacht wird, kann Lob die intrinsische Motivation Ihres Kindes stärken und es auf den Weg der persönlichen Meisterschaft bringen. Hier sind einige Beispiele für die Art von Lob, die sich positiv auf Ihr Kind auswirkt:

1. Aufrichtiges Lob

Wir lehren unsere Kinder, dass Ehrlichkeit die beste Politik ist, aber dieser Maßstab gilt auch für uns. Lob sollte kein falsches Bild von Ihrem Kind zeichnen oder mit seinem Selbstbild unvereinbar sein. Stattdessen sollte es auf Verhaltensweisen beruhen, die Sie gesehen haben und die Sie hervorheben möchten. Wenn Lob zu schön ist, um wahr zu sein, kann Ihr Kind anfangen, an seiner Kompetenz zu zweifeln und selbstkritisch zu werden. Versuchen Sie daher immer, das zu bestätigen, was Ihr Kind auch in sich selbst erkennen kann.

Beispiel: "Es war nett von dir, dem anderen Kind von der Schaukel zu helfen".

2. Besonderes Lob

Haben Sie jemals ein aufmerksames Geschenk von einem Freund oder einem Familienmitglied erhalten? Wie haben Sie sich dabei gefühlt? Ich kann mir vorstellen, dass das Wichtigste nicht die Größe des Geschenks war, sondern die Tatsache, dass sie die ganze Zeit zugehört haben. Wenn Ihr Kind ein allgemeines Lob wie "Das war toll!" erhält, kann das unaufrichtig wirken und den Eindruck erwecken, dass Sie den Handlungen Ihres Kindes nicht wirklich Aufmerksamkeit geschenkt haben. Es ist dasselbe wie ein Paar Socken oder eine Krawatte zum Geburtstag - gute Geschenke, aber welche Bedeutung hat das?

Wann immer Sie Ihr Kind loben wollen, sollten Sie sich angewöhnen, zu beschreiben, was Sie gesehen haben und was lobenswert ist. Seien Sie so konkret wie möglich, damit Ihr Kind weiß, welches Verhalten es beim nächsten Mal wiederholen soll. Durch diese Art von Lob fühlt sich Ihr

Kind nicht nur gesehen, sondern es wird sich auch an Ihre Worte erinnern.

Beispiel: "Mir gefällt das Farbschema, das du für dein Outfit gewählt hast. Gutes Auge!"

3. Fortschrittslob

Fortschrittslob konzentriert sich auf die Anstrengungen, die Ihr Kind jeden Tag unternimmt, um eine Fähigkeit zu erlernen, eine Gewohnheit zu entwickeln oder auf ein Ziel hinzuarbeiten. Ein solches Lob kann unglaublich motivierend sein, weil Ihr Kind selbst bestimmen kann, wie viel Mühe es sich gibt. Es kann auch eine Wachstumsmentalität fördern, die Ihrem Kind hilft, an seine Fähigkeit zu glauben, Herausforderungen zu meistern, anstatt sich auf seine Grenzen zu konzentrieren.

Beispiel: "Ich kann sehen, dass du wirklich hart daran arbeitest, dich zu beruhigen, wenn du dich aufgeregt hast."

4. Bedingungsloses Lob

Lob sollte nie an Ihre Erwartungen als Elternteil oder an gesellschaftliche Erwartungen, die Sie an Ihr Kind stellen, geknüpft sein. Es sollte sich darauf konzentrieren, Ihr Kind zu feiern, wie es ist, und es so zu akzeptieren, wie es ist. Bedingungsloses Lob hat keine Kriterien, bevor es ausgesprochen wird. Ihr Kind muss zum Beispiel kein "guter Junge" sein oder eine Eins im Test bekommen, bevor Sie ihm Anerkennung zollen. Außerdem wird nicht versucht, Ihr Kind zu etwas zu machen, was es nicht ist.

Wenn Sie beispielsweise sagen: "Ich weiß, dass du das besser kannst", dann erwarten Sie von Ihrem Kind, dass es Ihren Leistungszielen entspricht, nicht seinen eigenen. Es erkennt auch nicht die Anstrengungen an, die es unternommen hat, um zu diesem Punkt zu gelangen. Ein besseres Kompliment wäre: "Du hast dein Bestes gegeben, und das macht mich glücklich".

5. Spontanes Lob

Spontanes Lob kann bei Ihrem Kind einen starken Dopaminschub auslösen. Da es die ermutigenden Worte nicht erwartet, kann es sich umso mehr freuen, wenn es sie hört. Außerdem klingt Ihr Lob echt, da es zufällig ausgesprochen wird. Der beste Weg, spontan zu loben, ist, auf das Verhalten Ihres Kindes zu achten. Lernen Sie seine positiven und negativen Eigenschaften, Vorlieben und Abneigungen, Ängste und Ambitionen usw. kennen. Wann immer Sie eine positive Veränderung bemerken, nutzen Sie die Gelegenheit, etwas zu sagen.

Sie können auch kreative Wege des Lobes finden, damit Sie es nicht immer in der gleichen Form aussprechen. Anstatt Ihrem Kind ein Kompliment zu machen, können Sie ihm zum Beispiel eine kleine Notiz schreiben, seine Lieblingskekse backen oder es in den Arm nehmen. Wichtig ist, dass Sie authentisch sind, egal wie Sie Ihr Kind loben.

Beispiel: "Mir gefällt, wie du den Konflikt mit deinen Freunden gelöst hast. Das zeugt von großer Reife."

Zusammenafassung - Kapitel Takeaways

- Das ADHS-Gehirn braucht ständige Stimulation, um sich auf Aufgaben zu konzentrieren und sich diesen zu widmen. Das bedeutet, dass Ihr Kind, anders als neurotypische Kinder, einen ständigen Strom von

Motivation braucht, um erwünschte Verhaltensweisen auszuführen.

- Eine Möglichkeit, um sicherzustellen, dass Ihr Kind häufig motiviert ist, besteht darin, zu Hause ein Belohnungssystem einzurichten. Belohnungen sind ein unglaublich wirksames Mittel, um erwünschte Verhaltensweisen zu fördern. Sie bieten einen Anreiz, an der Entwicklung gesunder Gewohnheiten zu arbeiten.

- Konzentrieren Sie sich bei der Entwicklung eines Belohnungssystems auf Verhaltensweisen, die dringend angesprochen werden müssen (Verhaltensweisen, die Ihr Kind verbessern soll), und wählen Sie dann die am besten geeigneten Belohnungen und die Kriterien für den Erhalt dieser Belohnungen aus (z. B. dreimal pro Woche ein gewünschtes Verhalten üben, um eine Belohnung zu erhalten).

- Es gibt verschiedene Arten von Belohnungssystemen, die für jüngere und ältere Kinder am besten geeignet sind. Eine Verhaltenstabelle ist ein einfach zu befolgendes System, das gute Verhaltensweisen und die Belohnungen für diese Verhaltensweisen visuell darstellt. Ein Token-System funktioniert nach einem Währungssystem und ermöglicht es Ihrem älteren Kind, täglich oder wöchentlich Token zu verdienen und gegen entsprechende Belohnungen einzutauschen.

- Eine einfache, aber sinnvolle Möglichkeit, Ihr Kind regelmäßig zu belohnen, ist Lob. Achten Sie darauf, nicht zu viel zu loben, sich auf die Fähigkeiten Ihres Kindes zu konzentrieren (anstatt auf sein Verhalten) oder positive Ergebnisse zu loben (anstatt den Fortschritt). Die beste

Art des Lobes ist aufrichtig, spezifisch, bedingungslos und spontan!

Kapitel 10:

Übungen und Anregungen

*Es gibt zwei bleibende Vermächtnisse, die wir unseren Kindern geben
können. Das eine sind Wurzeln. Das andere sind Flügel.*
–Hodding Carter, Jr.

Sinnesfreudige Aktivitäten für drinnen

Sinnesfreudige Kinder erforschen gerne die Welt um sie herum.
Sie wollen nicht nur mit den Augen sehen, sondern auch alles
anfassen, schmecken, hören und riechen, was ihre Umgebung
zu bieten hat. Das Bedürfnis Ihres Kindes nach Stimulation
kann im Freien leicht befriedigt werden, da es dort so viel
Natur und Action gibt. Wenn Ihr Kind jedoch drinnen ist, kann

es sich häufig darüber beschweren, dass es sich langweilt, oder es findet unkonstruktive Wege, um seine Zeit zu verbringen. Die folgenden Aktivitäten sind großartige Lösungen für drinnen, um Ihr Kind aktiv und engagiert zu halten.

Spielknete

Geeignete Altersgruppe: 3-8 Jahre alt

Anweisungen: Spielknete ist eine lustige Aktivität, bei der Ihr Kind seiner Fantasie freien Lauf lassen kann. Sie entwickelt nicht nur die Feinmotorik, sondern fördert auch die sozialen Fähigkeiten. Es gibt so viele kreative Möglichkeiten, mit Spielknete umzugehen. Sie können Ihr Kind z. B. auffordern, einen Quetschtopf zu formen, Menschen oder Lebensmittel aus Spielknete herzustellen oder mit Lego und verschiedenen Spielzeugen Stempel und Ausschnitte zu gestalten.

Während diese Aktivität Kinder anspricht, die gerne berühren, kann sie für Kinder, die empfindlich auf Gerüche reagieren (Spielknete kann stark riechen), oder für Kinder, die gerne alles in den Mund nehmen, unangenehm sein. Um Auslösern vorzubeugen, finden Sie im Internet leicht herzustellende Rezepte für Spielknete (mit essbaren Zutaten).

Twister

Geeignete Altersgruppe: 9-12 Jahre alt

Anweisungen: Twister ist ein energiegeladenes Spiel, das auch ein tolles Training für Sie und Ihr Kind sein kann. Das Ziel des Spiels ist es, eine Reihe von Anweisungen zu befolgen, die jedem Spieler sagen, wohin er seine Hände und Beine bewegen soll. Der erste Spieler, der auf den Boden fällt, ist ausgeschieden. Da bei Twister Anweisungen befolgt werden müssen, sollten Sie Ihr Kind mit den Regeln vertraut machen und einen Übungslauf machen, damit es weiß, was es tun muss.

Innen-Ballspielplatz

Geeignete Altersgruppe: 3-8 Jahre alt

Anweisungen: Wenn du einen freien Platz in deinem Haus hast, z. B. einen leeren Keller oder ein leeres Zimmer, kannst du dir deine eigene Ballgrube bauen. Es ist unglaublich einfach, eine zu bauen: Alles, was Sie brauchen, ist ein aufblasbares Kinderbecken und Plastikbälle aus dem Spielwarengeschäft um die Ecke. Verstecken Sie ein paar Spielzeuge und Süßigkeiten in der Grube und bitten Sie Ihr Kind, mit verbundenen Augen so viele wie möglich zu finden! Die Kugelgrube kann auch zum Spielen verwendet werden. Ihr Kind kann sich zum Beispiel vorstellen, dass es ein paar Runden im Schwimmbad dreht, ein Bad nimmt oder in einem See angelt.

Götterspeise-Malerei

Geeignete Altersgruppe: 3-8 Jahre alt

Anweisungen: Um Kunstwerke zu schaffen, die gut riechen und eine interessante Textur haben, können Sie Ihr Kind dazu anregen, Götterspeise zu malen. Bevor Sie beginnen, benötigen Sie einige Zutaten: einige Päckchen der Lieblingswackelpuddingmischung Ihres Kindes, weißen Klebstoff, Wasser und ein Stück harte Pappe.

Nehmen Sie für jeden Wackelpuddingbeutel einen Plastikbecher heraus. Gießen Sie 1 Teelöffel Götterspeise, 1 Esslöffel Wasser und 1 Esslöffel Weißleim zusammen. Verrühre jeden Becher, bis du eine klebrige Textur hast. Geben Sie einen Teelöffel jeder Mischung auf beliebige Stellen des

Kartons und geben Sie Ihrem Kind dann einen Pinsel (oder lassen Sie es seine Finger benutzen), um verschiedene Striche und Muster zu malen.

Machen Sie so viele Mischungen, wie Sie brauchen, um das Kunstwerk fertigzustellen, und lassen Sie es draußen trocknen. Ihr Kind kann den Geruch der Götterspeise reaktivieren, indem es mit den Fingern über das Bild reibt.

Sensorische Box

Geeignete Altersgruppe: 3-8 Jahre alt

Anweisungen: Sinnesfreudige Kinder lieben es, ihre Hände zu berühren und mit ihnen zu experimentieren. Wenn sie nicht im Garten mit Erde spielen können, können Sie eine sensorische Box bauen, die genauso anregend ist!

Finden Sie heraus, welche Textur Ihr Kind am liebsten anfasst und bearbeitet. Ein paar Vorschläge sind Sand, Mehl, Bohnen oder Reis. Kaufen Sie einen Kunststoffbehälter in der Größe eines Schuhkartons und füllen Sie die Zutaten etwa zur Hälfte ein. Fügen Sie ein paar beliebige Spielzeuge und Utensilien hinzu, mit denen Ihr Kind die Zutaten schöpfen, stapeln und mischen kann.

Selbstkontrollübungen und Aufforderungen

Selbstkontrolle hilft Ihrem Kind, seine Gefühle zu regulieren und in Stresssituationen das richtige Verhalten zu wählen. Anstatt ihren Impulsen zu folgen, werden sie darauf konditioniert, innezuhalten, innezuhalten und die richtigen Entscheidungen zu treffen. Die beste Art, Selbstbeherrschung zu lehren, besteht darin, Ihrem Kind zu zeigen, dass es für seine Handlungen verantwortlich ist. Nachfolgend finden Sie einige Übungen, die diesen Gedanken verstärken können.

Pro und Kontra

Geeignete Altersgruppe: 9-17 Jahre alt

Anweisungen: Wenn Ihr Kind vor einer Entscheidung steht, bitten Sie es, ein Blatt Papier zu nehmen und die Vor- und Nachteile von zwei Möglichkeiten abzuwägen. Die Vorteile sind die Vorteile, die eine bestimmte Wahl mit sich bringt, und die Nachteile sind die Nachteile.

Hier ist ein Beispiel dafür, wie man die Vor- und Nachteile von zwei Möglichkeiten abwägen kann:

Entscheidung: Wie konfrontiere ich einen Freund, der hinter meinem Rücken schlecht über mich spricht?			
Möglichkeit 1: Nicht mehr mit ihnen reden		**Möglichkeit 2: Ein Treffen, um meine Bedenken zu besprechen**	
Pro	**Kontra**	**Pro**	**Kontra**
Ich werde nicht mehr befürchten müssen, betrogen zu werden.	Er wird nicht verstehen, wie verletzt ich mich fühle.	Ich kann ihn konfrontieren und meine Gefühle zum Ausdruck bringen.	Ich traue mich nicht, mich zu öffnen und meine Gefühle mitzuteilen.

Entscheidung: Wie konfrontiere ich einen Freund, der hinter meinem Rücken schlecht über mich spricht?			
Möglichkeit 1: Nicht mehr mit ihnen reden		**Möglichkeit 2: Ein Treffen, um meine Bedenken zu besprechen**	
Pro	Kontra	Pro	Kontra
Ich kann ihm eine Lektion erteilen, damit er nie wieder schlecht über mich redet.	Ich laufe Gefahr, einen guten Freund zu verlieren.	Ich kann Grenzen setzen und die Konsequenzen von wiederholtem Verhalten deutlich machen.	Ich habe Angst, dass mein Freund abwehrend reagiert und mir nicht zuhört.

Über Entscheidungen nachdenken

Geeignete Altersgruppe: 13-17 Jahre alt

Anweisungen: Bitten Sie Ihr Kind am Ende eines jeden Tages, sein Tagebuch zu nehmen und darüber nachzudenken, welche Entscheidungen es getroffen hat und wie es morgen bessere Entscheidungen treffen kann. Im Folgenden finden Sie einige Aufgaben, die Ihr Kind beantworten kann:

1. Schreibe drei Entscheidungen auf, die du heute getroffen hast.

_____

_____

_____

2. Welche der drei Entscheidungen ist die beste, die du getroffen hast, und warum?

_____

_____

_____

_____

3. Wie hat sich die gute Entscheidung positiv auf deine Gedanken, Gefühle oder Verhaltensweisen ausgewirkt? Hat es dir zum Beispiel geholfen, dich zu konzentrieren, dich zuversichtlich gemacht oder dein Zeitmanagement verbessert?

_____

_____

_____

_____

4. Welche der drei Entscheidungen ist die schlechteste, die dzu getroffen hast, und warum?

_____

_____

_____

_____

5. Wie hat sich die schlechteste Entscheidung negativ auf deine Gedanken, Gefühle oder dein Verhalten ausgewirkt? Hat sie dich zum Beispiel niedergeschlagen, Konflikte zwischen dir und anderen ausgelöst oder schlechte Angewohnheiten gefördert?

_____

_____

_____

_____

6. Schreibe ein paar kreative Ideen auf, um zu verhindern, dass du morgen die schlechteste Entscheidung wiederholst.

_____

_____

_____

_____

Denkt man es oder sagt man es?

Geeignete Altersgruppe: 9-17 Jahre alt

Anweisungen: Nicht alles, was es denkt, ist geeignet, laut herauszuplatzen. Manche Gedanken sind weder nützlich noch ermutigend für das Kind und andere. Es ist wichtig, dass Ihr Kind lernt, zu entscheiden, was es sagen und was es für sich behalten soll. Bitten Sie Ihr Kind, jeden der unten stehenden Sätze in die am besten geeignete Kategorie einzuordnen: denken oder sagen. Wenn es fertig ist, sehen Sie sich an, wie es die Sätze geordnet hat und ob sie in die richtigen Kategorien eingeordnet wurden. Nutzen Sie die Gelegenheit, um reale

Szenarien zu besprechen, in denen sich Ihr Kind in der jeweiligen Situation wiederfinden würde.

1. Dein Outfit sieht heute toll aus.

2. Du redest lustig.

3. Mir ist gerade nicht nach Sprechen zumute.

4. Ich kann dich nicht leiden.

5. Ich verstehe nicht, was du gesagt hast.

6. Ich bin verwirrt.

7. Ich bin schlauer als du.

8. Du stinkst.

9. Stört es dich, wenn ich mich neben dich setze?

10. Magst du mich?

Es denken	Es sagen

Es denken	Es sagen

Selbstkontrollierende Verhaltensweisen erkennen

Geeignete Altersgruppe: 9-17 Jahre alt

Anweisungen: Eine weitere Möglichkeit, Ihrem Kind zu helfen, sich bewusst zu machen, wie Selbstkontrolle aussieht, ist die Bewertung seines eigenen Verhaltens. Bitten Sie Ihr Kind, die untenstehende Liste von Verhaltensweisen durchzugehen und sie der am besten geeigneten Kategorie zuzuordnen. Wenn es die Übung beendet hat, überprüfen Sie, ob es richtig sortiert hat. Nutzen Sie die Gelegenheit, um zu besprechen, warum diese Verhaltensweisen Beispiele für Selbstbeherrschung sind oder nicht.

1. Du drückst jemandem gegenüber aus, wie wütend du dich über sein Verhalten fühlst und bittest um eine Entschuldigung.

2. Du schreist deine Mutter an, weil sie das Abendessen zu spät gekocht hat.

3. Du hast einen schlechten Tag und beschließt, Zeit allein in deinem Zimmer zu verbringen.

4. Jemand hat dich verärgert, also suchst du nach Möglichkeiten, ihn auch zu verärgern.

5. Du spielst Videospiele, bevor du dich hinsetzt, um deine Hausaufgaben zu machen.

6. Du unterbrichst deinen Freund oder deine Freundin beim Reden, weil du dich langweilst.

7. Du knallst deine Zimmertür zu, weil du wütend bist.

8. Du beschließt, Geld zu sparen, um ein Gerät zu kaufen, das du wirklich magst.

9. Du machst jemandem klar, dass du ihn nicht magst, indem du ihn ignorierst.

10. Du beschließt, deine Hausarbeiten nicht zu erledigen, weil du keine Lust dazu hast.

Selbstbeherrschung	Mangelnde Selbstbeherrschung

Selbstbeherrschung	Mangelnde Selbstbeherrschung

Unter Kontrolle/außer Kontrolle

Geeignete Altersgruppe: 9-17 Jahre alt

Anweisungen: Nicht alles im Leben liegt unter unserer Kontrolle. Es gibt bestimmte Situationen, die Ihr Kind erleben wird, auf die es keinen Einfluss hat, und andere, auf die es Einfluss hat. Sie können zum Beispiel das Wetter nicht kontrollieren, aber sie können bestimmen, welche Kleidung sie jeden Tag tragen. Sobald Ihr Kind weiß, worauf es Einfluss hat und worauf nicht, kann es lernen, sich auf die Faktoren zu konzentrieren, die es ändern kann. Bitten Sie Ihr Kind, die Liste der Faktoren durchzugehen und zu entscheiden, welche davon innerhalb oder außerhalb seiner Kontrolle liegen, oder beides. Gehen Sie anschließend gemeinsam die Tabelle durch und diskutieren Sie.

1. Herzfrequenz (schnell oder langsam)

2. Die Meinungen der Leute

3. Abgabetermin für Tests

4. Einen Wutanfall kriegen

5. Schlecht von anderen behandelt werden

6. Sich Freunde aussuchen

7. Auf eine Aufgabe konzentriert sein

8. Nach der High School aufs College gehen

9. Millionär werden

10. Hart in der Schule arbeiten

Unter Kontrolle	Außer Kontrolle	Beides

Unter Kontrolle	Außer Kontrolle	Beides

Gesunde Gewohnheiten, Übungen und Aufforderungen

Gesunde Gewohnheiten fördern Verhaltensweisen, die Ihrem Kind helfen können, seine ADHS-Symptome zu bewältigen. Bevor es sich jedoch gesunde Gewohnheiten aneignen kann, muss es zunächst schlechte Gewohnheiten erkennen und ersetzen. Die folgenden Übungen sollen Ihrem Kind helfen, über seine Gewohnheiten nachzudenken und den Prozess zu beginnen, schlechte Gewohnheiten abzulegen und positive anzunehmen.

Über die aktuellen Gewohnheiten nachdenken

Geeignete Altersgruppe: 13-17 Jahre alt

Anweisungen für Ihr Kind: Denke über deine täglichen Gewohnheiten nach und wie sie dein Leben beeinflussen. Beginne damit, die folgenden Fragen zu beantworten und erstelle dann eine Liste mit hilfreichen und schädlichen Gewohnheiten.

1. Mit welchem Verhalten/welcher Tätigkeit verbringst du jeden Tag die meiste Zeit? Verbessert diese Aktivität dein Leben in irgendeiner Weise?

_____

_____

_____

_____

2. Welche Verhaltensweisen/Aktivitäten würdest du als Zeitfresser bezeichnen (sie fressen deine Zeit und bringen kein positives Wachstum)?

_____

_____

_____

_____

3.

4. Welche Verhaltensweisen/Aktivitäten sorgen dafür, dass du dich jeden Tag gesund fühlst?

_____

_____

_____

_____

_____

5. Prokrastinierst du oft? Wenn ja, bei welchen Aufgaben prokrastinierst du oft?

_____

_____

_____

_____

_____

6. Welche Bewältigungsmechanismen helfen dir, dich jeden Tag zu beruhigen und positiv zu fühlen?

_____

_____

_____

_____

_____

7.

8. Praktizierst du irgendwelche schlechten Bewältigungsmechanismen, die dich in schlechte Stimmung versetzen, destruktives Verhalten fördern oder dich von Menschen zurückziehen lassen?

_____

_____

_____

_____

_____

Nachdem die Tagebuchaufforderungen ausgefüllt sind, bitten Sie Ihr Kind, die folgende Tabelle auszufüllen und eine Liste mit hilfreichen und schädlichen Gewohnheiten zu erstellen.

Hilfreiche Gewohnheiten	Schädliche Gewohnheiten

Hilfreiche Gewohnheiten	Schädliche Gewohnheiten

Die Schleife der negativen Gewohnheiten unterbrechen

Geeignete Altersgruppe: 13-17 Jahre alt

Anweisungen: In Kapitel 5 haben wir uns mit den drei Phasen der Gewohnheitsbildung beschäftigt: Hinweis, Routine und Belohnung. Das Schöne daran, diesen Prozess zu verstehen, ist, dass Sie Ihrem Kind dabei helfen können, schlechte Gewohnheiten abzulegen. Gehen Sie die folgenden Schritte gemeinsam durch:

1. Identifizieren Sie eine schlechte Angewohnheit, die Ihr Kind ablegen möchte.

2. Schreiben Sie den Auslöser für das Verhalten auf (was es dazu veranlasst, sich so zu verhalten).

3. Schreiben Sie die Schritt-für-Schritt-Routine auf, die durchgeführt wird.

4. Lassen Sie Ihr Kind die Belohnung oder das angenehme Gefühl auf, das es nach der Ausführung der Routine erhalten hat.

5. Lassen Sie Ihr Kind fünf Möglichkeiten aufschreiben, wie es den Hinweis/Auslöser vermeiden kann.

6. Lassen Sie Ihr Kind fünf gesunde Verhaltensweisen aufschreiben, die dieselben wünschenswerten Belohnungen bringen können.

Beschreibe schlechtes Verhalten in einem Satz:	
Was ist der Auslöser (Cue)?	
Wie sieht die Schritt-für-Schritt-Routine aus?	

Was sind die Belohnungen?	
Nenne fünf Möglichkeiten, um den Auslöser zu vermeiden.	
Nenne fünf gesunde Verhaltensweisen, die die gleiche Belohnung bringen können.	

Kopieren Sie diese Tabelle und wiederholen Sie den gleichen Vorgang für andere schlechte Angewohnheiten, die Sie mit Ihrem Kind angehen möchten.

Planung positiver Gewohnheiten

Geeignete Altersgruppe: 9-17 Jahre alt

Anweisungen: Neue Gewohnheiten anzunehmen erfordert viel Engagement. Ihr Kind muss nicht nur sein Gehirn darauf trainieren, sich anders zu verhalten, sondern es muss sich selbst immer wieder ermutigen, das Richtige zu tun, auch wenn es versucht ist, in schlechtes Verhalten zurückzufallen. Die folgenden Fragen werden Ihrem Kind helfen, einen Plan für positive Gewohnheiten zu erstellen, an denen es arbeiten möchte. Wenn sie fertig sind, besprechen Sie den Plan und fragen Sie nach Möglichkeiten, es zu unterstützen.

1. Schreibe fünf positive Verhaltensweisen auf, die du gerne zur Gewohnheit machen würdest.

_____

_____

_____

_____

_____

2. Schreibe die Vorteile auf, die sich ergeben, wenn du diese Verhaltensweisen zu neuen Gewohnheiten machst. Wie stellst du dir zum Beispiel vor, dass sie dein Leben verändern werden? Was kannst du gewinnen?

_____

_____

_____

_____

_____

3. Schreibe die negativen Konsequenzen auf, wenn du diese Gewohnheiten nicht übernimmst. Was würdest du zum Beispiel verlieren, wenn diese Verhaltensweisen nicht zu neuen Gewohnheiten werden? Wie würde sich das negativ auf dein Leben auswirken?

_____

_____

_____

_____

_____

4. Schreibe tägliche Aktionsschritte auf, die dir dabei helfen, dich an diese Verhaltensweisen zu halten. Achte darauf, dass die Schritte so einfach sind, dass du sie jeden Tag umsetzen kannst..

_____

_____

_____

_____

5. Schreibe für jeden Handlungsschritt das Stichwort, die Routine und die Belohnung auf, damit dein Gehirn sich daran erinnert und Lust bekommt, sie regelmäßig zu üben.

Hier ist ein Beispiel:

Neues Verhalten: Aufwachen um 06:30 Uhr an Wochentagen

Neuer Aktionsschritt: Jeden Abend um 09:30 Uhr ins Bett gehen

Hinweis: Der Wecker klingelt um 20:30 Uhr.

Routine: Duschen, Zähne putzen, Schlafanzug anziehen, Kleidung für morgen bereitlegen, dann ins Bett gehen

Belohnung: Ich fühle mich am Morgen ausgeruht und energiegeladen

_____

_____

_____

_____

_____

6. Nenne drei Personen, die dich beim Erlernen dieser neuen Verhaltensweise/Aktivität unterstützen können. Erzähle ihnen von deinem Plan und was du jeden Tag tun willst, um das Verhalten zu festigen.

_____

_____

_____

_____

_____

Tabelle Gesunde Gewohnheiten

Geeignete Altersgruppe: 9-17 Jahre alt

Anweisungen für Ihr Kind: Erstelle anhand der Aktionsschritte, die du dir in der vorherigen Übung ausgedacht hast, eine Gewohnheitstabelle, damit du jeden Tag für die Umsetzung dieser Schritte verantwortlich bist. Setze ein Häkchen neben jeden Aktionsschritt, den du bis zum Ende des Tages erledigen konntest.

Unten siehst du ein Beispiel dafür, wie dein
Gewohnheitsdiagramm aussehen sollte:

	Mo	Di	Mi	Do	Fr
Um 21:30 Uhr ins Bett gehen.					
15 Minuten an meinem Schreibtisch sitzen					
Tief durchatmen, wenn ich aufgeregt bin					
Über meinen Tag in meinem Tagebuch schreiben					
Andere zu Wort kommen lassen, ohne sie zu unterbrechen					

Kommunikationsübungen und Aufforderungen

Kommunikationsfähigkeiten spielen eine wichtige Rolle in der Entwicklung Ihres Kindes. Sie helfen ihm nicht nur, seine eigenen Gedanken und Gefühle zu artikulieren, sondern können auch dazu beitragen, Beziehungen zu anderen aufzubauen und zu pflegen. In den folgenden Übungen finden Sie einige unterhaltsame Techniken, mit denen Sie die Kommunikationsfähigkeiten Ihres Kindes verbessern können.

Telefon (Stille Post)

Geeignete Altersgruppe: 3-8 Jahre alt

Anweisungen: Versammeln Sie die Familie und setzen Sie sich in einen Kreis. Achten Sie darauf, dass Sie nahe genug beieinander sitzen, um der nächsten Person ins Ohr zu flüstern. Eine Person beginnt das Spiel, indem sie ihrem Nachbarn einen kurzen Satz ins Ohr flüstert. Die Nachricht wird von einer Person zur nächsten weitergegeben, bis sie den letzten Spieler erreicht. Der letzte Spieler spricht die Nachricht laut aus und das Ziel ist es, zu sehen, wie ähnlich sie der ursprünglichen Nachricht klingt.

Bildergeschichten erzählen

Geeignete Altersgruppe: 3-8 Jahre alt

Anweisungen: Schauen Sie sich eine Zeitschrift oder ein Bilderbuch ohne Text an und bitten Sie Ihr Kind, eine Geschichte darüber zu erfinden, was auf den einzelnen Fotos passiert. Es kann den Ort, die Handlung, die Emotionen der einzelnen Figuren und das, was seiner Meinung nach als Nächstes passieren wird, erwähnen.

Spiegeln

Geeignete Altersgruppe: 9-17 Jahre alt

Anweisungen: Setzen Sie sich Ihrem Kind gegenüber und entscheiden Sie, wer der Anführer und wer der Mitläufer sein wird. Der Anführer nimmt einen Stapel Karteikarten mit den Bezeichnungen verschiedener Emotionen in die Hand. Ohne die Karte zu zeigen, muss er die Emotion mit seinem Gesichtsausdruck nachahmen (auf keinen Fall mit Worten). Der Mitspieler muss erraten, welche Emotion gemimt wird. Nach ein paar Runden werden die Rollen getauscht und der Anführer wird zum Mitspieler und umgekehrt. Dieses Spiel soll Ihrem Kind helfen, nonverbale Kommunikation zu erkennen.

Fäuste

Suitable age group: 9-17 years old

Anweisungen: Ballen Sie eine Hand zu einer Faust und fordern Sie Ihr Kind auf, Sie dazu zu bringen, die Faust zu öffnen. Der Trick besteht jedoch darin, keine Aggression anzuwenden (z.B. die Faust zu öffnen), sondern stattdessen eine selbstbewusste Kommunikation zu verwenden. Ein Beispiel: "Mach die Faust auf!" wird nicht zum Erfolg führen, aber "Bitte mach die Faust auf" schon. Ermutigen Sie Ihr Kind auf spielerische Weise, mit verschiedenen selbstbewussten Ausdrücken zu experimentieren.

DESO-Skript-Szenarien

Geeignete Altersgruppe: 13-17 Jahre alt

Anweisungen: In Kapitel 7 haben wir eine durchsetzungsfähige Kommunikationstechnik besprochen, das so genannte DESO-Skript. Dieses Skript kann verwendet werden, um Bedenken zu äußern, Grenzen zu setzen und Konflikte mit anderen Menschen zu lösen. Die folgenden Szenarien stellen Situationen aus dem wirklichen Leben dar, in die Ihr Kind geraten kann. Ermuntern Sie es, die besten Antworten mit Hilfe des DESO-Skripts aufzuschreiben.

1. Du bist in einem belebten Restaurant und der Kellner braucht lange, um an deinen Tisch zu kommen. Wie würdest du ihm mit dem DESO-Skript antworten?

_____

_____

_____

_____

_____

2. Deine Lehrerin oder dein Lehrer gibt dir eine benotete Arbeit zurück, die deiner Meinung nach eine höhere Note verdient hätte. Wie drückst du dein Anliegen mit Hilfe des DESO-Skripts aus?

_____

_____

_____

3. Einer deiner Freunde zieht dich vor einer Gruppe von
   Leuten auf. Wie kannst du deine verletzten Gefühle mit
   dem DESO-Skript ausdrücken?

   _____

   _____

   _____

   _____

   _____

4. Deine Eltern haben dir eine Aufgabe zugeteilt, die du nicht
   magst. Wie kannst du mit Hilfe des DESO-Skripts mit
   ihnen verhandeln?

   _____

   _____

   _____

   _____

   _____

5. Du befindest dich an einem öffentlichen Ort und ein
   Fremder steht zu nah bei dir. Wie kannst du mit dem
   DESO-Skript Grenzen setzen?

   _____

   _____

Schlussfolgerung

Manchmal sind Eltern ein Kanal zur größeren Gesellschaft, manchmal sind sie ein Schutzschild davor. Im Idealfall fungieren sie als Filter, der ihre Kinder anleitet und ihnen beibringt, den verlockenden Müll zu meiden.
–Dr. Louise Hart

Einen hyperaktiven und impulsiven Jungen zu erziehen, ist keine leichte Aufgabe. Manchmal werden Sie sich überfordert fühlen, weil Sie das Verhalten Ihres Kindes zu Hause und in der Schule ständig überwachen müssen, weil Sie genau auf die sensorischen Auslöser achten müssen, denen es ausgesetzt ist, und weil Sie auf häufige emotionale Ausbrüche sanft reagieren müssen.

Es ist jedoch wichtig, sich daran zu erinnern, dass die ADHS-Symptome Ihr Kind nicht definieren, vor allem nicht in den Momenten, in denen Sie selbst kurz vor einem

Nervenzusammenbruch stehen. Hinter diesen Symptomen steckt ein Mensch, der Schwierigkeiten hat, seine Bedürfnisse auszudrücken. Wenn Ihr Kind vielleicht sagen könnte: "Ich bin müde" oder "Ich fühle mich hier nicht sicher", hätte es seine Gefühle und Triebe besser unter Kontrolle.

Sie können Ihr Kind nicht ändern und ihm auch nicht seine Hyperaktivität oder Impulsivität nehmen, aber Sie können ihm beibringen, sich selbst zu regulieren und Verantwortung für sein Handeln zu übernehmen. In jeder Lebensphase ist Ihr Kind in der Lage, neue kognitive, emotionale und soziale Fähigkeiten zu erlernen. Ihre Aufgabe als Eltern ist es, diese Fähigkeiten mit altersgerechten Strategien einzuführen, zu lehren und zu verstärken. Einmaliges Üben reicht nicht aus, um ein erwünschtes Verhalten zur Gewohnheit werden zu lassen. Es bedarf unzähliger Übungen - und positiver Verstärkung -, damit Ihr Kind das gewünschte Verhalten selbständig üben kann.

Dieser Ratgeber soll Ihnen helfen, hyperaktives und impulsives ADHS aus einem anderen Blickwinkel zu betrachten und mehr Vertrauen in Ihre Fähigkeit zu haben, einen gesunden, glücklichen und verantwortungsbewussten Jungen zu erziehen. Die in diesem Buch vorgestellten Strategien fördern positive Erziehungsprinzipien, die sich als wirksam erwiesen haben, um Kindern mit ADHS zu helfen, ihr Verhalten zu ändern.

Die Wahrheit ist, dass Ihr Kind sich wünscht, gut zu sein, aber zusätzliche Unterstützung benötigt, um zu lernen, wie "gutes Verhalten" aussieht und wie und wann es praktiziert werden sollte. Sie sind der beste Mentor, um Ihr Kind auf das Erwachsensein vorzubereiten und ihm alles beizubringen, was es wissen muss, um sich im Leben zurechtzufinden.

Wenn Ihnen die Lektüre gefallen hat, hinterlassen Sie bitte eine Rezension!

Über den Autor

Richard Bass ist ein etablierter Autor mit umfassenden Kenntnissen und Erfahrungen im Bereich der Behinderungen von Kindern. Richard hat außerdem aus erster Hand erfahren, wie viele Kinder und Jugendliche mit Depressionen und Ängsten zu kämpfen haben. Es macht ihm Spaß, Techniken und Ideen zu erforschen, um Schülern besser helfen zu können. Außerdem gibt er Eltern Ratschläge, wie sie ihre Kinder verstehen und zum Erfolg führen können.

Richard möchte seine Erfahrungen, Forschungen und Praktiken, die sich für viele Eltern und Schüler als erfolgreich erwiesen haben, durch sein Schreiben weitergeben.

Richard ist der Meinung, dass Eltern und andere Personen im Umfeld des Kindes die Behinderung oder die geistige Gesundheit des Kindes verstehen müssen. Er hofft, dass die Menschen durch seine Schriften mehr Verständnis für Kinder aufbringen, die diese Probleme haben.

Richard Bass ist seit über einem Jahrzehnt im Bildungswesen tätig und hat einen Bachelor- und einen Master-Abschluss in Pädagogik sowie mehrere Zertifizierungen, darunter Sonderpädagogik K-12 und Bildungsverwaltung.

Wenn Richard nicht gerade arbeitet, liest oder schreibt, reist er gerne mit seiner Familie, um verschiedene Kulturen kennenzulernen und sich Anregungen für die Erziehung von Kindern, insbesondere von Kindern mit Behinderungen, zu holen. Richard recherchiert auch über verschiedene Bildungssysteme auf der ganzen Welt und lernt sie kennen.

Richard nimmt an mehreren Online-Gruppen teil, in denen Eltern, Pädagogen, Ärzte und Psychologen über ihre Erfolge mit behinderten Kindern berichten. Richard ist gerade dabei, eine Facebook-Gruppe aufzubauen, in der weitere Diskussionen über seine Bücher und Techniken stattfinden könnten. Abgesehen von den Online-Gruppen hat er auch an Schulungen über die Erziehung von Schülern mit Behinderungen teilgenommen und hat auch Schulungen in diesem Bereich geleitet.

Eine Nachricht des Autors

Wenn Ihnen das Buch gefallen hat und Sie an weiteren Updates interessiert sind oder einfach nur einen Ort suchen, an dem Sie Ihre Gedanken mit anderen Lesern oder mir teilen können, dann treten Sie bitte meiner Facebook-Gruppe bei, indem Sie unten scannen!

Wenn Sie an einer KOSTENLOSEN PDF-Version des Planners für Kinder interessiert sind, erhalten Sie mit Ihrer Anmeldung auch exklusive Benachrichtigungen, wenn neue Inhalte veröffentlicht werden, und können diese zu einem Sonderpreis erhalten. Scannen Sie unten, um sich anzumelden!

Scannen Sie unten, um meine Inhalte auf You Tube zu sehen und mehr über Neurodiversität zu erfahren!

Referenzen

Ackerman, C. (2017, February 3). 25 Fun mindfulness activities for children and teens (+tips!). PositivePsychology.com. https://positivepsychology.com/mindfulness-for-children-kids-activities/

Aly. (2021, August 5). ADHD Behavior charts. Goally. https://getgoally.com/blog/adhd-behavior-charts/

Astray, T. (2020, March 19). Communication tool: Assertive confrontation and boundary setting with the DESO script. Tatiana Astray. http://www.tatianaastray.com/managing-relationships/2020/3/18/communication-tool-assertive-confrontation-and-boundary-setting-with-the-deso-script

AZ Quotes. (n.d.). Top 25 social skills quotes (of 51). A-Z Quotes. https://www.azquotes.com/quotes/topics/social-skills.html

Bailey, E. (2008, November 8). Using token economies to help manage behavior. Health Central. https://www.healthcentral.com/article/using-token-economies-to-help-manage-behavior

Borba, M. (2012, January 26). 7 Tricks to help stressed moms chill out. Today.com. https://www.today.com/parents/7-tricks-help-stressed-moms-chill-out-1c7397996

Brain Balance. (n.d.). Sensory integration ideas for sensory seeking behaviors. Www.brainbalancecenters.com. https://www.brainbalancecenters.com/blog/sensory-integration-ideas-for-a-sensory-seeker

Branson, R. (2017, March 22). Everybody is a genius. Virgin.com. https://www.virgin.com/branson-family/richard-branson-blog/everybody-genius

Brown, T. E. (2022, June 20). Exaggerated emotions: How and why ADHD triggers intense feelings. ADDitude. https://www.additudemag.com/slideshows/adhd-emotions-understanding-intense-feelings/#:~:text=%E2%80%9CChallenges%20with%20processing%20emotions%20start

Clarity Clinic. (2020, April 11). Self soothing 101: Soothe your anxieties away. Clarity Clinic. https://www.claritychi.com/self-soothing-anxieties-away/

Coste, B. (n.d.). Parenting quotes on discipline: On loving unconditionally. Www.positive-Parenting-Ally.com. https://www.positive-parenting-ally.com/quotes-on-discipline.html

Cullins, A. (2022a, October 8). 7 Ways to help kids cope with big life changes. Big Life Journal. https://biglifejournal.com/blogs/blog/help-kids-cope-big-life-changes

Cullins, A. (2022b, October 22). Key strategies to teach children empathy (sorted by age). Big Life Journal. https://biglifejournal.com/blogs/blog/key-strategies-teach-children-empathy#:~:text=5-7%20Years

Danneman, I. (2021, September 16). How to calm a sensory seeking child: SPD breaks for sensitive kids. Www.additudemag.com. https://www.additudemag.com/sensory-break-ideas/

Davies, L. (n.d.). Assertiveness training for children. Www.kellybear.com. https://www.kellybear.com/TeacherArticles/TeacherTip74.html

Day, A. N. (2020, April 21). Guide: Teaching kids assertive vs aggressive communication. Raising an Extraordinary Person. https://hes-extraordinary.com/communication-assertive-vs-aggressive

Donvito, T. (2022, December 2). 8 Compliments you seriously need to stop giving to your kids. Reader's Digest. https://www.rd.com/list/compliments-that-are-hurtful/

Duhigg, C. (2011). How habits work. Charles Duhigg. https://charlesduhigg.com/how-habits-work/

Eccountability. (2017). Habit formation worksheet. In Eccountability. https://eccountability.io/wp-content/uploads/2017/05/Habit-Formation-Worksheet.pdf?x30826

Gill, T., & Hosker, T. (2021, February 10). How ADHD may be impacting your child's social skills and what you can do to help. Www.foothillsacademy.org. https://www.foothillsacademy.org/community/articles/adhd-social-skills#:~:text=When%20children%20with%20ADHD%20enter

Good Reads. (n.d.-a). A quote from Divergent Mind. Www.goodreads.com. https://www.goodreads.com/quotes/10380093-high-stimulation-is-both-exciting-and-confusing-for-people-with

Good Reads. (n.d.-b). Praising children quotes (1 quote). Www.goodreads.com. https://www.goodreads.com/quotes/tag/praising-children

Gordon, A. M., & Barnes, C. M. (2020, March 31). How working parents can prioritize sleep. Harvard Business Review. https://hbr.org/2020/03/how-working-parents-can-prioritize-sleep#:~:text=Good%20sleep%20may%20also%20be

Gracias, A. (2018, April 24). Positive self-talk: Ways to teach your children, benefits of self-talk. Www.parentcircle.com. https://www.parentcircle.com/how-to-teach-children-positive-self-talk/article

Green, R. (2022, August 6). ADHD Symptom spotlight: Overstimulation. Verywell Mind. https://www.verywellmind.com/adhd-symptom-spotlight-overstimulation-5323859

Happy Publishing. (n.d.). 61 Self-control quotes that can change your life. Happy Publishing. https://www.happypublishing.com/blog/self-control-quotes/

Hill, L. (2019, July 9). Transforming habits: How to help a child focus in the classroom. Blog.revibetech.com. https://blog.revibetech.com/transforming-habits-how-to-help-a-child-focus-in-the-classroom

Hot Ground Gym. (2022, February 2). 8 Effective ways to channel your child's energy. Www.hotgroundgym.com. https://www.hotgroundgym.com/blog/8-effective-ways-to-channel-your-childs-energy

Jackson, C. (2022, May 15). How to use a reward system for a child with ADHD. Www.joonapp.io. https://www.joonapp.io/post/reward-system-for-adhd-child

Jellinek, M. S. (2010, May 1). Don't let ADHD crush children's self-esteem. Www.mdedge.com. https://www.mdedge.com/psychiatry/article/23971/pediatrics/dont-let-adhd-crush-childrens-self-esteem

Kessler, Z. (2022, January 27). Overstimulated by life? 20 Ways to give your ADHD senses a break. ADDitude. https://www.additudemag.com/overstimulation-sensory-overload-strategies-adhd/

Know what to expect! The 8 stages of social development in children. (2011, September 10). Child Development Institute. https://childdevelopmentinfo.com/child-development/erickson/

Lack, E. (2022, November 18). What's your discipline style? Parenting. https://www.greatschools.org/gk/articles/what-is-your-discipline-style/

Lancia, G. (2021, July 1). 12 Self-control activities for kids (incl. worksheets). PositivePsychology.com. https://positivepsychology.com/self-control-for-kids/#techniques

Lehman, J. (n.d.). Teach your child responsibility — 7 Tips to get started. Empowering Parents. https://www.empoweringparents.com/article/teach-your-child-responsibility-7-tips-to-get-started/

Li, P. (2022, October 24). 6 Proven ways to encourage kids effectively (without side effects). Parenting for Brain. https://www.parentingforbrain.com/words-of-encouragement-for-kids/

Little Steps. (2020, October 19). In the womb. Little Steps. https://littlesteps.co.za/in-the-womb/#:~:text=A%20natural%20self%2Dsoothing%20behaviour

Littman, E. (2022, May 18). Brain stimulation and ADHD/ADD: Cravings and regulation. Www.additudemag.com. https://www.additudemag.com/brain-stimulation-and-adhd-cravings-dependency-and-regulation/#:~:text=Key%20aspects%20of%20the%20reward

Low, K. (2022, April 19). Why kids with ADHD need structure (and how to provide it). Verywell Mind. https://www.verywellmind.com/why-is-structure-important-for-kids-with-adhd-20747#:~:text=Having%20a%20routine%20can%20benefit

Matteson, N. (2018, July 24). ADHD and transitions: Change is tough; how to deal with it. Www.healthyplace.com.

https://www.healthyplace.com/blogs/livingwithadultadhd/2018/7/adhd-and-transitions-change-is-tough-how-to-deal-with-it

Mcleod, S. (2018). Erik Erikson's stages of psychosocial development. Simply Psychology. https://www.simplypsychology.org/Erik-Erikson.html

Merriam-Webster. (2019). Definition of energy. Merriam-Webster.com. https://www.merriam-webster.com/dictionary/energy

Miller, C. (2023, January 12). ADHD and behavior problems. Child Mind Institute. https://childmind.org/article/adhd-behavior-problems/#:~:text=Tantrums%20and%20defiance%20are%20not

Miller, K. (2019, May 21). 39 Communication games and activities for kids and students. PositivePsychology.com. https://positivepsychology.com/communication-activities-adults-students/#kindergarten

Morin, A. (n.d.). 8 Sensory-friendly indoor games and activities. Www.understood.org. https://www.understood.org/en/articles/8-sensory-friendly-indoor-games-and-activities

Naik, A. (2022, January 6). How to teach your kids to delay gratification and why it matters. Go Henry. https://www.gohenry.com/us/blog/financial-education/how-to-teach-your-kids-to-delay-gratification-and-why-it-matters

Oxford Learner's Dictionaries. (2023). Discipline. Www.oxfordlearnersdictionaries.com. https://www.oxfordlearnersdictionaries.com/definition/english/discipline_1

Popova, M. (2017, September 25). The courage to be yourself: E.E. Cummings on art, life, and being unafraid to feel. The Marginalian. https://www.themarginalian.org/2017/09/25/e-e-cummings-advice/#:~:text=%E2%80%9CTo%20be%20nobody%2Dbut%2D

Roth, E., & Weiss, K. (2021, October 14). Types of ADHD: Inattentive, hyperactive-impulsive, and more. Healthline. https://www.healthline.com/health/adhd/three-types-adhd#causes

Schwartz, B. (2022, November 25). Self-soothing: What it is, benefits, and techniques to get started. Choosing Therapy. https://www.choosingtherapy.com/self-soothing/

Seymour, K. E., Macatee, R., & Chronis-Tuscano, A. (2016). Frustration tolerance in youth with ADHD. Journal of Attention Disorders, 23(11), 1229–1239. https://doi.org/10.1177/1087054716653216

Shanker, S., & Barker, T. (2017). Self-reg: How to help your child (and you) break the stress cycle and successfully engage with life. Penguin Books. https://www.amazon.com/Self-Reg-Child-Stress-Successfully-Engage/dp/0143110411

Sippl, A. (2020, June 26). Executive functioning and challenging behavior. Lifeskillsadvocate.com. https://lifeskillsadvocate.com/blog/executive-functioning-challenging-behavior/

Smith, D. (2021, July 19). 3 Keys to starting a routine and the steps to building one. This Wondrous Life. https://thiswondrouslife.com/twl/3-keys-to-starting-a-routine-and-the-steps-to-building-one

Spina Horan, K. (2021, December 30). Sneaky sensory triggers in ADHD that no one talks about. Www.psychologytoday.com.

https://www.psychologytoday.com/za/blog/the-reality-gen-z/202112/sneaky-sensory-triggers-in-adhd-no-one-talks-about

Strong, R. (2022, September 11). Can ADHD affect your empathy? Healthline. https://www.healthline.com/health/adhd/adhd-and-empathy#signs-of-low-empathy

Stutman, M. (2016, November 11). Great empathy quotes for kids and students. InspireMyKids. https://inspiremykids.com/great-empathy-quotes-kids-students-children/#:~:text=%E2%80%9CEmpathy%20grows%20as%20we%20learn

Stutman, M. (2021, September 21). The power of habit! Great habit quotes for kids. InspireMyKids. https://inspiremykids.com/great-habit-quotes-for-kids/

Sword, R. (2021, September 6). How to encourage children to express feelings and emotions. High Speed Training. https://www.highspeedtraining.co.uk/hub/how-to-encourage-children-to-express-feelings/

Twitter. (2022, July 2). ADDitude quote on Twitter. Twitter. https://twitter.com/ADDitudeMag/status/1543263665008287744

Understood Team. (n.d.). Understanding sensory processing disorder. Www.understood.org. https://www.understood.org/en/articles/understanding-sensory-processing-issues

WebMD Editorial Contributors. (2021, June 14). Symptoms of ADHD. WebMD. https://www.webmd.com/add-adhd/childhood-adhd/adhd-symptoms#091e9c5e80008077-1-3

Zapata, K. (2021, October 29). Parental burnout: What it is and how to cope. Healthline.

https://www.healthline.com/health/parenting/parental-burnout

Bildreferenzen

Burton, K. (2021a). Black father with son covering mouth with hand on sofa [Online image]. In Pexels. https://www.pexels.com/photo/black-father-with-son-covering-mouth-with-hand-on-sofa-6624428/

Burton, K. (2021b). Desperate screaming young boy [Online image]. In Pexels. https://www.pexels.com/photo/desperate-screaming-young-boy-6624327/

Cameron, J. M. (2020). Photo of woman teaching his son while smiling [Online image]. In Pexels. https://www.pexels.com/photo/photo-of-woman-teaching-his-son-while-smiling-4145355/

Danilyuk, P. (2021). Man playing with boy on carpet [Online image]. In Pexels. https://www.pexels.com/photo/man-playing-with-boy-on-carpet-8763039/

Fischer, M. (2020). Kids sitting beside a bookshelves [Online image]. In Pexels. https://www.pexels.com/photo/kids-sitting-beside-a-bookshelves-5211434/

Fring, G. (2021). Fireman giving the cat to an adorable boy [Online image]. In Pexels. https://www.pexels.com/photo/fireman-giving-the-cat-to-an-adorable-boy-7155808/

Grabowska, K. (2021). A boy writing on a book [Online image]. In Pexels. https://www.pexels.com/photo/a-boy-writing-on-a-book-6958518/

Holmes, K. (2020). Pensive African American kid with notepad [Online image]. In Pexels.

https://www.pexels.com/photo/pensive-african-american-kid-with-notepad-5905894/

Kampus Production. (2021a). A mother talking to her child [Online image]. In Pexels. https://www.pexels.com/photo/a-mother-talking-to-her-child-7078729/

Kampus Production. (2021b). A boy and her mother drawing together [Online image]. In Pexels. https://www.pexels.com/photo/a-boy-and-her-mother-drawing-together-7417143/

Karpovich, V. (2020). A boy hugging his parents [Online image]. In Pexels. https://www.pexels.com/photo/a-boy-hugging-his-parents-4609093/

Krukau, Y. (2020a). Charming child sweeping concrete pavement with broomstick [Online image]. In Pexels. https://www.pexels.com/photo/charming-child-sweeping-concrete-pavement-with-broomstick-4458033/

Krukau, Y. (2020b). A woman sitting on a bed with her son [Online image]. In Pexels. https://www.pexels.com/photo/a-woman-sitting-on-a-bed-with-her-son-6210214/

Mas, A. (2020). Happy little boy standing near trunk [Online image]. In Pexels. https://www.pexels.com/photo/happy-little-boy-standing-near-trunk-5623720/

Monstera. (2021). Crop unrecognizable black father disciplining adorable attentive son at home [Online image]. In Pexels. https://www.pexels.com/photo/crop-unrecognizable-black-father-disciplining-adorable-attentive-son-at-home-7114233/

Nilov, M. (2021a). A man and young boy brushing teeth together [Online image]. In Pexels. https://www.pexels.com/photo/a-man-and-young-boy-brushing-teeth-together-8307422/

Nilov, M. (2021b). Photo of a boy with red hair holding a white blanket [Online image]. In Pexels. https://www.pexels.com/photo/photo-of-a-boy-with-red-hair-holding-a-white-blanket-8654431/

Pidvalnyi, O. (2022). A boy sleeping with his teddy bear [Online image]. In Pexels. https://www.pexels.com/photo/a-boy-sleeping-with-his-teddy-bear-12955638/

Rodnae Productions. (2021a). A young boy taking picture with his mother [Online image]. In Pexels. https://www.pexels.com/photo/a-young-boy-taking-picture-with-his-mother-6849308/

Rodnae Productions. (2021b). A cute little boy holding plush toys [Online image]. In Pexels. https://www.pexels.com/photo/a-cute-little-boy-holding-plush-toys-8363720/

Samkov, I. (2022). A boy in gray long sleeves playing toys on his hands [Online image]. In Pexels. https://www.pexels.com/photo/a-boy-in-gray-long-sleeves-playing-toys-on-his-hands-8504379/

www.ingramcontent.com/pod-product-compliance
Lightning Source LLC
Chambersburg PA
CBHW031512120626
46545CB00005B/1841